Textbook of Educational Psychology

教育心理学

編集

市川優一郎　宇部弘子　若尾良徳　齋藤雅英

中山書店

序

　本書は，現代の教育心理学の多様な研究領域を広く概観するものであるが，2017（平成29）年に文部科学省より示された「教職課程コアカリキュラム」に準拠し，主に「発達」と「学習」に関連する内容で構成されている．本書のメインターゲットは，大学の教職課程において初めて教育心理学を学ぶ学生であり，それゆえに，専門的で硬い表現をできるだけ避け，図表やイラストを多用して視覚的にも理解を深めることをめざした．また本書は，日本体育大学の教員が中心となって編集・執筆を行っているが，保健体育に偏ることなく，他大学の教職課程においても対応できるように，幅広く使いやすい内容にすることを心掛けた．

　教育心理学は，教員採用試験の教職教養の出題領域である．本書は，教員採用試験に頻出するポイントを考慮して構成されているため，教員採用試験の対策用のテキストとして使用することも想定している．試験対策をする学生は，必要に応じて本書を読み返し，履修した授業の復習を行うことで，効率的な学習ができる．本書を読んで学んだ学生が，一人でも多く教員採用試験に合格することを願っている．

　また本書は，各章で一つ，事例やトピックを用意し，教育現場の「いま」を伝えている．教員や教員志望者は「理論と実践の往還」が必要とされるが，本書は理論のみではなく，教育現場で実践される最新の教育心理学的知見も数多く盛り込んでいる．その意味では，教職をめざす学生のみならず，現在教師として現場で活躍されている教員や，教育心理学に興味がある一般の人々にも読んでもらえる本になるだろう．

　近年，教職のブラック化が社会問題となり，長時間の労働や膨大な仕事量など，現代の教職という仕事の過酷さが浮き彫りにされている．令和4年度学校教員統計（中間報告）によると，精神疾患を理由に退職をした公立小中高校の教員数は953人となり，過去最多となっている．また，公立学校教員の2024年度教員採用試験の志願者数は，前年度から6,061人（4.5%）減少しており，教職を志望する者が年々減っていることが危惧されている．これらの現状は，教師の働き方を含めて教職という仕事の抜本的な改革が急務であるだけでなく，教職という仕事の本質的なあり方が問われていることを示すものである．今後，学校教育現場は大きく変化していくであろうし，変化しなければならない．そのような激動の時代において，教師をめざし日々努力をする学生に対し，本書が少しでも役に立てれば幸いである．

　末尾ながら，本書の発刊に際し多大なご厚情をいただいた中山書店の鈴木幹彦氏をはじめ，本書に関わってくださったすべての人に心より感謝申し上げる．

令和6年1月

編者を代表して　市川　優一郎

目　次
Contents

執筆者一覧

■編集／執筆

市川優一郎　日本体育大学体育学部

宇部弘子　日本体育大学児童スポーツ教育学部

若尾良徳　日本体育大学児童スポーツ教育学部

齋藤雅英　日本体育大学スポーツ文化学部

■執筆

楠本恭久　日本体育大学名誉教授

亀岡聖朗　桐蔭横浜大学スポーツ科学部

三村　覚　大阪産業大学スポーツ健康学部

田中未央　敬愛大学教育学部

吉野大輔　日本大学芸術学部

吉田一生　日本体育大学体育学部

小野洋平　駒澤大学文学部

大森馨子　日本大学文理学部

飯田諒介　日本体育大学体育学部

齋藤慶典　日本大学文理学部

岡部康成　帯広畜産大学畜産学部

狩野武道　日本大学文理学部

教育心理学

1 教育心理学の内容

　ここでは，はじめに心理学と教育心理学の歴史を学ぶ．その後，なぜ教育心理学を学ぶのか，そしてその内容は何か，どのような方法(研究法)を用いるのかについて学習を進める．

歴史—心理学と教育心理学の歴史

長い過去と短い歴史

　ここでは，教職をめざす学生が教育心理学という教科目にかかわらず，心理学全般について学習することの意味について，そして，自分自身の教育活動にこれらをどのように生かすことができるのか，そして，この科目のもつ役割について考えてみたいと思う．広い領域の心理学を歴史的な観点からまとめることにより教育心理学の重要な箇所が見えてくるものと信じ，心理学・教育心理学(体育心理学)の歴史の一端を見ていきたい．

　心理学の歴史について触れるとき，必ず出てくるのがエビングハウス(Ebbinghaus, H.)の有名な言葉，「心理学は長い過去と短い歴史をもっている」であろう．この言葉は，心理学の歴史を的確に表現している．現在我々が考える「こころ」「生命」「霊魂」などは，有史以来，多くの人たちが探求してきたものであり，これがまさに「長い過去」にあたる．そして18世紀に入り，これらを科学的に立証できるものにしようと実験という旗を振りかざして現れたのが実験心理学である．実験心理学の登場は，心理学が科学として世界に認められる(短い歴史)大きなきっかけとなった．

　「長い過去」のなかで忘れてはならないのが，アリストテレスの『霊魂論(デ・アニマ)』である．アリストテレスの心理学とも呼ばれるこの書物のなかには，こころの在処についての記述がみられる．アリストテレスはプラトンの弟子であり紀元前4世紀の古代ギリシャの哲学者であるが，この書物のなかで，我々人間にはこころがあり，このこころは心臓に存在することについてふれている．

　さらに忘れてならない人物はデカルト(Descartes, R.)である．デカルトは16世紀フランスに生まれ，哲学者，数学者であり，近世哲学の祖として知られて

いる．デカルトの有名な言葉に，「我思う，ゆえに我あり」があるが，人の本質はこころにあるとした．また，デカルトというと**心身二元論**が有名であるが，心身二元論はプラトンの対話篇にみられる理性的霊魂の不滅や，その弟子アリストテレスの霊魂論など古代ギリシャ哲学の霊魂論に遡ることができる．デカルトの心身二元論という考え方は，後世，ニーチェ(Nietzsche, F.W.)やベルクソン(Bergson, H.L.)らの批判を浴びた．このようにして心理学の「長い過去」は，多くの研究者(哲学者)たちによって発展してきたが，これらはあくまで哲学的心理学であり，科学的心理学にはほど遠いものであった．

> **心身二元論**
>
> 心と身体は，別のものとして考察すべきであるとする哲学上の立場のこと．デカルトは，心と身体は異なる存在であると考え，心は身体に依存せずに存在することが可能であるとした．

ヘルバルトとモイマン

心理学が科学として社会に認められるようになると，当然のごとくこの心理学をさまざまな領域に応用すべく研究が始められた．ヴント(Wundt, W.M.)が提唱する実験心理学を教育という領域に応用しようとする動きが出現しても不思議ではない．

ヘルバルト(Herbart, J.F.)は1776年オランダ国境に近いドイツ，オルデンブルクに生まれ，イェーナ大学で学んだ．大学ではフィヒテ(Fichte, J.G.)のもとで学んだが，フィヒテの観念論に疑念を抱き決別した．

その後，ペスタロッチ(Pestalozzi, J.H.)の学校を訪れ，その影響を強く受けたようである．ヘルバルトは哲学者，心理学者，教育学者として有名であるが教育学の領域では教育心理学の父と呼ばれている．それは，1つは彼が教育の目的を倫理学に，方法を心理学に求め，教育学を体系化したからである．さらには，教育の方法として「管理」「教授」「訓練」の3要素(教育的教授)を提唱し，教育の目標は強固な道徳的品性と興味の多面性の陶冶にあるとしたことも理由である．ヘルバルトは「教授(陶冶)のない教育などというものの存在を認めないし，逆に教育のないいかなる教授(陶冶)も認めない」という名言を残している．

ヘルバルトの学説は世界に影響を与え，ヘルバルト学派を形成した．わが国でも明治期に同学派のライン(Rein, W.)の五段階教授説(予備—提示—比較—総括—応用)が伝わり当時の教育界に大きな影響を与えた．しかし，残念なのはこのヘルバルトの時代がヴント以前であったことである．ヴントは，1879年にドイツのライプツィヒ大学に世界で最初の心理学実験室を開設し，近代科学としての心理学をスタートさせた．つまり，ヘルバルトの時代は近代科学としての心理学自体が未成熟であったことから，観念的な心理学にならざるを得なかったということである．

19世紀から20世紀初めにかけて，ヴントの弟子であるモイマン(Meumann, E.)が実験心理学と教育との結合をめざして『実験教育学入門講義』(1907)を著した．この書のなかでモイマンは実験教育学を提唱し，児童の身体，知覚，注意，記憶，思考，意思，パーソナリティの発達と個人差についてふれている．ここには現代教育心理学の四大領域(発達，学習，人格適応，測定評価)にいず

れは統合されるであろう内容がすでに網羅されていた.

わが国の心理学

　わが国の心理学史についてふれるとき，この心理学という言葉がいつ頃から使用されはじめたかについて述べなければならない.それは，1869年にヘヴン(Haven, J.)の著した『Mental Philosophy』を西周が翻訳し，『奚般氏著　心理学』という書名で1875(明治8)年に文部省から公刊されたのが，心理学の最初であるとされている.

　日本の明治時代以前に，心理学に関する考え方が全くなかったかどうかについては議論の余地があり，儒学者・鎌田鵬(かまた ほう)を経験的心理学者の先駆とみなす考え方もあるが，彼やその門下生たちが考えを発展させたり西洋的な心理学と接点をもったりすることはなかった.

西 周の紹介

- -

　西周(1829～1897):明治期の哲学者で思想家.津和野藩医の子.1862年津田真道に従ってオランダに渡り，ライデン大学において政治，法律を学び1865年帰国.開成所教授となり，幕臣として将軍徳川慶喜に献策し，訳書「万国公法」を献じた.維新後は沼津兵学校教頭から山形有朋に招かれて兵部省に出仕.また福沢諭吉らと1873(明治6)年明六社を創設.「明六雑誌」に多くの論文を発表し，哲学思想を展開しながら，封建的な学問，道徳，宗教などを批判した.初めて日本に西洋哲学を紹介し，今日の日本の哲学用語は，ほとんど彼の手によって定められた.また軍人勅諭の原案を作り，学士院長，元老院議官，貴族院議員として活躍する.「百一新論」「致知啓蒙」などの著書がある.日本で最初にpsychologyという考え方に接し，彼は当初「性理学」と訳し，一方でヘヴンの"Mental Philosophy : Including the Intellect, Sensibilities and Will "(現代風に訳すと「知情意を含む精神哲学」)を翻訳して『奚般氏著　心理学』として出版した.この本は日本において『心理学』という名称がつけられた最初の本である.

図1 Mental Philosophy（表）

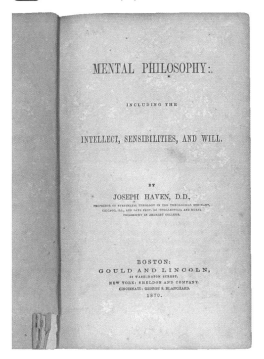

図2 Mental Philosophy（裏）

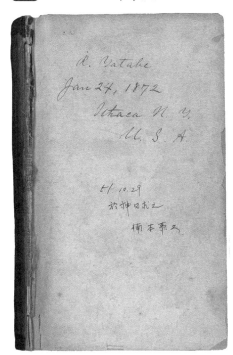

図3 奚般氏著　心理学

『奚般氏著　心理学』の目次

episode

- -

　1976（昭和51）年10月29日，筆者（楠本，当時28歳）は神田神保町本屋街を一人歩いていた．とある古書店の前で足が止まる．この古書店は神保町に来たときよく立ち寄るところであった．何気なく中に入り書棚を見ていると2冊の本が目に留まった．その1冊が『Mental Philosophy』であり，もう1冊が『奚般氏著　心理学』であった．これを見た瞬間，体が震えた．決して大げさではなく，「高価であっても買うだろうな」という予感があった．予感どおり2冊を購入し，胸をワクワクさせながら我が家に帰ってきたことを覚えている．

　『Mental Philosophy』（メンタル　フィロソフィ）は1869年にジョセフ・ヘヴンの著した書物であり，『奚般氏著　心理学』は1875（明治8）年に西周がこの『Mental Philosophy』を翻訳し，わが国最初の心理学書として出版したものである．しかし残念ながら，この古書店で購入した『奚般氏著　心理学』は初版本ではなく1882（明治15）年9月に翻刻されたものである．

　『奚般氏著　心理学』の原本である『Mental Philosophy』の表紙の裏には写真にあるようなサインがみられた．この本を購入した当初は気づかなかったが，よく観察してみるとR. Yatabeとある．その後，このサインが頭から離れず，ずっと気になっていたが数年経ったあるとき，平凡社刊別冊太陽『近代詩人百人』のなかにその名前を見つけた．矢田部良吉（1851～1899）である．矢田部良吉は1871年にアメリカに渡り，ニューヨーク州イサカに住んだ．コーネル大学で植物学を学んだ後帰国し，1877（明治10）年東京大学初代植物学教授となった．このIthacaはイサカのことであろう（**図2**）．1882（明治15）年に外山正一，井上哲次郎，とともに『新体詩抄』を上梓している．

　最も因縁を感じるのは，心理学者でY・G性格検査（矢田部・ギルフォード性格検査）などでよく知られている矢田部達郎（1893～1958）が矢田部良吉の四男にあたるということである．

矢田部良吉の紹介

　矢田部良吉（1851～1899）：明治期の植物学者・詩人

　静岡県に生まれる．

　1870（明治3）年，森有礼に従ってアメリカに渡り，コーネル大学で植物学を学ぶ．

　1876（明治9）年帰国．開成学校教授．翌年モースらと図って東大に生物学科を創設し，植物学講座を担当．

　東京博物館館長，小石川植物園園長，東京高師校長

　東京生物学会，東京植物学会の創立に尽力．

新体詩

　明治初期に西洋の詩歌の形式と精神を採り入れて創始された新しい詩形．従来の詩が主に漢詩を指していたのに対していう．外山正一ら共著の『新体詩抄』に起こり，森鴎外・北村透谷・島崎藤村・土井晩翠・蒲原有明らによって発展，日本の近代詩の淵源をなした．

表1 わが国の教育心理学の発展（概要）

西暦（和暦）年	人名・機関	反応
1888（明治21）	元良勇次郎	米国で博士号取得．米国の研究成果を伝播させた
1916（大正5）	松本亦太郎 楢崎浅太郎	著書『教育的心理学』出版．松本と楢崎の共著
1926（大正15）	田中寛一ほか	学術雑誌『教育心理研究』創刊
1949（昭和24）	学芸大学	大学教育改革により師範学校が学芸大学へ
1952（昭和27）	木戸幡太郎	日本教育心理学会設立

わが国の教育心理学

　上述のヴントの弟子のモイマンはドイツを中心に教育心理学の発展をもたらし，同じく弟子のホール（Hall, G.S.）と彼の指導教授であったジェームズ（James. W.），同時期のソーンダイク（Thorndike, E.L.）がアメリカで教育心理学の発展に貢献した．教育心理学の成立には，その他にもスイスのピアジェ（Piaget, J.），オーストリアのフロイト（Freud, S.），フランスのビネー（Binet, A.）やシモン（Simon, T.），イギリスのゴールトン（Galton, F.）などが重要な研究成果を提示している．

　こうした欧米の研究成果を取り入れることから，わが国の教育心理学はスタートしている．わが国の教育心理学の歴史を概観するために，歴史的経緯のなかで主要なもののみまとめて表に示した．**表1**のはじめに，ヴントの弟子のホールのもとで学んだ元良勇次郎を挙げた．また，表中の学芸大学の発足により，教育課程に教育心理学が入ることになった．このことが教員養成課程に教育心理学が位置づく基となり，研究も活性化していくことになった．

ホール

アメリカに戻ったホールは，ジョンズホプキンス大学に心理学研究室を開設した．優れた教育者でもあり，アメリカ心理学会の初代会長にも就任した．

ジェームズ

「意識」の研究で有名なジェームズは，1899年に初の教育心理学書として『心理学における教師との対話』を出版した．そして，ハーバード大学で心理学研究室を運営した．

ソーンダイク

ジェームズのもとで学んだソーンダイクは，コロンビア大学の心理学教授となる．教育心理学の発展に大きく貢献した彼は，1903年に全3巻からなる『教育心理学』を刊行した．

② 教育心理学とは

教育心理学の定義

市川伸一，編『学力から人間力へ』教育出版．2003．

　教育心理学とは，「『教育』という事象を理論的・実証的に明らかにし，教育の改善に資するための学問」である（市川，2003）．つまり，教育活動を心理学の立場から研究して，より効果的な教育活動を行うために，新たな知見や技法を提供する心理学の一分野であるといえよう．

　教育活動という言葉からは，「学校」をイメージするものが多いと思われる．もちろん対象の中心は学校教育であるが，その対象は広範囲であり家庭教育や社会人教育，生涯教育など多岐にわたる．そのため，現在では学校教育に特化した**学校心理学**という学問分野もある．

　本書では主として教職をめざす人を対象としていることから，教育心理学という枠組みのなかでより一般的な心理学的な法則（理論）を学びながら，併せて学校や家庭，地域社会のなかで課題を有する子どもたちを支援（実践）することをめざした学校心理学の視点をもって学んでほしい．

教育心理学の内容

　教育心理学の内容は，対象と方法，そして評価の3つに大別される．対象は児童生徒であり，どのような特徴をもっているのかを把握するための視点を学ぶ．方法は学習指導と生徒指導に分けられる．そして評価はいわゆる教育評価がそれにあたる．それぞれについて，どの章で取り扱われているかを照らし合わせて解説する．

対象の理解

　効果的な教育を行うためには，対象となる児童生徒がどのような特徴，特性をもっているのかを把握することが不可欠である．つまり，目の前にいる子どもがどのような発達を遂げているのかを理解するのである．そのため，第2章「発達の理論」，第3章「身体・運動の発達」，第4章「認知・言語の発達」，第5章「社会性・道徳性の発達」，第6章「思春期・青年期の発達」で基礎的な発達について学ぶ．

　また，同学年の子どもであっても個人差がある．加えて，子どもによってやる気の度合いが違ったり，集団による影響，元来有している特性などでの差が生じたりする．これらは，第7章「個性の理解」，第11章「動機づけ」，第13章「学級集団」，第15章「特別支援教育」を学ぶことで理解が深まるであろう．

方法

　上記の子どもの発達的特徴や特性を把握したうえで，適切な方法により学習指導と生徒指導が行われる．

　学習指導については，第8章「学習の理論」，第9章「記憶と知識」，第10章

学校心理学

学校心理学は，日本学校心理学会によると「学校教育において一人ひとりの子どもが学習面，心理・社会面，進路面，健康面などにおける課題の取り組みの過程で出合う問題状況の解決を援助し，子どもの成長を促進する「心理教育的援助サービス」の理論と実践を支える学問体系」と定義されている．心理教育的援助サービスという言葉から，学校教育に関わるものが「チーム学校」として子どもたちの課題に対して，心理的援助を行うものであることがわかる．

「学習の方法」で一般的な学習の法則や子どもの知的あるいは認知能力，そして方法について学ぶことができる．個人差として，学習意欲に差がみられることがあり，それが何に影響しているのか，どのように対応したらよいのかを知る必要がある．第11章「動機づけ」，第13章「学級集団」，第14章「教育相談」，第15章「特別支援教育」は学習指導だけではなく，生徒指導からみてもたいへん重要な章となる．学習指導と生徒指導は学校教育における車の両輪といわれる．これらの章の深い理解がよりよい実践につながるものと期待できる．

評価

児童生徒に指導効果が認められたかどうかを把握することは，適切な指導が行われたか，あるいはその後の指導をどのように進めるかといったことにつながる．そこで，効果に対する十分な根拠，正確な指標が欠かせないものとなる．より適切な評価がよりよい指導につながることから，第12章「教育評価」で多様な評価法とその活用についてしっかりと学んでほしい．

③ 教育心理学の研究法

教育心理学は，自然科学的なアプローチにより，対象の心理や行動を明らかにする学問である．そして，得られた成果を基にして，論理的に教育課題を解決していくのである．ここでいう対象は，子どもや保護者，教員，地域などであり，その心理や行動に関するさまざまな知識が蓄積されている．これらの知識を獲得するための手法が研究法である．以下で，具体的にどのような研究法が用いられるのかを解説していく．

実験法

実験法とは，心や行動に影響を与えると考えられる要因を実験者が人為的に統制し，条件を操作することによってその**因果関係**(原因と結果の関係)を実証する方法である．たとえば，「学習意欲の向上(**独立変数**)が学力を向上(**従属変数**)させる」という仮説が立てられたとする．その場合，2つのグループに対して一方のグループにのみ学習意欲を高める操作を行い，2つのグループのテスト結果を比較して効果を確かめる．

このように，実験法は因果関係を検討するための有効な方法である．しかしながら，条件が統制されるため実際の教育現場とは異なる状況になることもあるので，結果の活用には注意を要する．

観察法

　観察法とは，特定の環境にいる対象者の行動を観察することで，行動の特徴や法則性を明らかにする方法である．教育現場ではとても有効な研究法といえる．観察法は実験観察と自然観察に大別される．

　実験観察は，観察者が意図的に条件を整えて変化させ（独立変数），対象者の行動などがどう変化するかを観察（従属変数）する方法である．**自然観察**は，観察者の意図的な条件設定を行わない方法である．観察法は，日常の行動を観察するため対象者への負担が少なく，乳幼児なども観察対象にでき，実際場面に即した情報が得られるなど多くのメリットがある．

　利点の多い観察法であるが，観察者の主観が入りやすいというデメリットがある．そして自然観察法の場合，ターゲットとなる行動が生起するのを待たなければならないためコストが大きい．観察者の存在が，対象者に影響を及ぼすことも考慮しなければならないだろう．これらをできるだけ解消するために，さまざまな方策がとられている．

　観察の客観性を高めるための方策として，複数人による観察の実施や記録方法の工夫が挙げられる．たとえば，事前に確認したい行動などをチェックリストに挙げる方法がある．観察時にターゲットとなる行動の生起が確認されたら，リスト化されたシートにチェックしていく方法などがある．また，コストを低減させるために，時間見本法や場面見本法といった方法を組み合わせて実施する方法もある．

　観察者と対象者との関係から観察法をとらえると，参加観察（参与観察）と非参加観察（非参与観察）の2つに分けられる．参加観察は，観察者がその場に居合わせて直接観察する方法であり，授業などで教師が子どもを観察することがそれに含まれる．非参加観察は，観察者がその存在を示さずに観察する方法である．ビデオカメラで撮影した映像を観察したり，ワンウェイミラーで観察したりする方法で，対象者は観察されていることを意識することなく，自然な行動をとることができる．

時間見本法

時間見本法は，適当な時間をおいてターゲットとなる行動を観察する方法である．ある一定の時間間隔で観察することで，対象者の行動の流れを把握することができる．

場面見本法

場面見本法は，ターゲットとなる行動が生起しやすい場面や，関連のある場面を観察する方法である．複数場面における行動の比較により，人為的な状況設定なしに特定場面での行動が把握できる．

調査法（質問紙法）

　調査法は，児童生徒や保護者，教師などの意見や意識を知るために用いられる方法の一つである．調査は通常，調査用紙を使用するが，近年ではインターネットの活用も広がっている．調査を実施するためには，あらかじめテーマに沿った質問を設定したうえで，質問に対する回答を得る．

　回答方法は，評定法と自由記述法に分けられる．**評定法**では，質問に対して賛成か反対で回答を求めたり，「まったく当てはまらない」1点，「非常に当てはまる」5点のように回答の選択肢を数値化し，意見の程度について回答を求めたりする．**自由記述法**では，質問に対して思ったことや感じたことを自由に書かせる方法である．調査法は，短い期間で一度に多数のデータを得ることができる．

面接法

面接法は，対象者と直接会って聞き取りをし，相手の思考や感情，行動などを理解する方法である．直接対面することで，言語的な情報だけでなく非言語的な情報も得ることができる．

面接法は，構造化面接，半構造化面接，非構造化面接の3つに分けられる．あらかじめ質問項目を決め，すべての対象者に同じ質問や問いかけ方をするのが**構造化面接**である．**半構造化面接**は，質問項目や順序は決めているが，話の流れに応じて面接者が柔軟に変更することができる．**非構造化面接**は，質問項目は決めずに対象者と自由に質疑応答を行う方法である．

その他に，臨床的面接法もあるが，これは主にカウンセリングや心理療法で用いられる治療や診断を目的としたものである．教員が児童生徒の悩みや，課題を解決するために行う教育相談（第14章参照）が最も近い方法である．

🔑 構造化面接

検査法

心理検査を用いて，個人の特性（知的能力やパーソナリティ，適性など）を測定する方法が検査法である．知能検査や学力検査，職業適性検査など多様な検査方法が考案されているが，それらの検査は標準化された信頼性と妥当性（第12章参照）が高いものである．標準化とは，その検査が測定したいものをしっかりと測定しているということである．これを可能にするために，事前に多くのデータを収集して適切な質問項目を一連の手続きで残すという方法がとられる．

🔑 信頼性と妥当性
→p.135

事例研究法

事例研究法は，1つの事例あるいはごく少数の事例について，各事例の独自性を重視し，その個性を明らかにしていく方法である．つまり，何らかの課題を抱える児童生徒を多角的にアセスメントし，その課題を解決するための方策を導き出し，指導・支援計画を立案して実践して経過をチェックすることである．たとえば，観察や面接，検査などを行い生育歴や家庭環境，特性，行動傾向などを詳しく分析し，課題の原因を検討する．そして検討結果をもとに課題を解決するためにはどのようなサポートが必要かを考え，支援を行って課題が解決・改善するかを見守っていく．

留意点としては，いったん解決しても再び課題を抱えるリスクがあるため，フォローアップが必要であることが挙げられる．また，1事例あるいは少数事例を対象としていることから，他の児童生徒の同様の課題に対しても，同じ支援が有効であるといった安易な一般化は避けなければならない．

④ 教育心理学を学ぶ理由

　ここまで，心理学と教育心理学の歴史，内容，研究法について解説した．最後に，なぜ教育心理学を学ぶのか，その理由についてまとめて記述し共通理解を深めたいと思う．

教育心理学の学びが実践で役立つ

　教師の実践力は，教育経験や教育に対する情熱にも支えられているが，教育心理学を学ぶことで，①子どもの発達段階を把握した指導が可能となる，②授業で子どもたちとの円滑なコミュニケーションが展開できる，③子どもたちの学ぶ意欲を高める，④集団のなかで子どもたちが自己実現を図るための支援ができる，といった知識や力を身につけることができる．これら4点が実践力に結びつくことは言うまでもない．

　これらの知識や力は，子どもの支援だけではなく学級経営や組織運営などにも役立つであろう．学校のマネジメントモデルの転換を図り，教員と専門スタッフの協働により，教育活動を充実させるのが**チーム学校**である．チーム学校では生徒指導や特別支援教育などで，専門家との連携体制を構築しなければならないが，その連携の担い手(特別支援教育コーディネーターや生徒指導主事や教育相談コーディネーターなど)となるものは，教育学と心理学の両方に精通していることが望ましい．ここでも教育心理学を学ぶ意義がみられる．

　そして，教員自身の助けにもなる．実際に教職に就いたとき，対人援助サービスという職種の特徴や，教員としての責任の重さから，日々ストレスを受けることとなる．そのため，教員自らもストレス耐性，セルフコントロール，バーンアウトなどへの対処法を身につけることが大切である．これらの知識も教育心理学で学ぶことができる．

バーンアウト

教師のバーンアウトについては，「長期間にわたるストレスの結果，慢性的な情緒的消耗感の状態に陥り，同時に同僚や児童・生徒との関わりを避けるようになり，達成感を味わうことができなくなる状態」(谷島, 2009)とされている．

チーム学校

　「チームとしての学校の在り方と今後の改善方策について」(中央教育審議会, 2015)の答申で「チームとしての学校」が必要であると示された．それは，「心理や福祉等の専門スタッフの参画を得て，課題の解決に求められる専門性や経験を補い，教育活動を充実していくことが期待できる」としている．これを実現するために，「専門性に基づくチーム体制の構築」「学校のマネジメント機能の強化」「教職員一人一人が力を発揮できる環境の整備」の視点をもって学校のマネジメントモデルの転換を図っていくことが必要とされた．

教職に就くために

原則として，教員として働くためには学校の種類ごとの教員免許（教育職員免許）状が必要である．教員免許状は3種類あり，多くは学位と教職課程などでの単位修得により免許を取得している．

大学の教職課程には，文部科学省から教職課程コアカリキュラムが示されている．これは，全国すべての大学の教職課程で共通的に修得すべき資質能力を示すものであり，大学は教員養成に求められる共通の内容，水準を確保しなければならない．

この教職課程において教育心理学は，「教育の基礎理論に関する科目」のなかの「幼児，児童及び生徒の心身の発達及び学習の過程」で扱われている．その全体目標は，子どもの心身の発達と学習過程に関する知識を身につけること，そして，「各発達段階の心理的特性を踏まえた学習活動」，これを支える指導の基礎となる考え方を理解することである．つまり，発達と学習の理解である．いずれにしても，教育心理学の単位を取得することが，教員免許状取得のための必須条件となっている．

また，公立学校の教員となるためには，教員採用試験に合格しなければならない．試験における教職教養では，教育心理学関連が頻出問題であるという現実がある．換言すると，教育心理学の知識や技法を身につけている者を，教員として求めていると考えることができる．

3種の教員免許状

所要資格を得て必要な書類を添えて申請を行うことにより，都道府県教育委員会から授与されるのが「普通免許状」である．また，社会的経験を有する者に，教育職員検定を経て授与されるのが「特別免許状」，そして，普通免許状を有する者を採用することができない場合に限り，教育職員検定を経て授与されるのが「臨時免許状」である．

● 文献
- 市川伸一，編『学力から人間力へ』教育出版．2003.
- 谷島弘仁．教師バーンアウトの因子構造に関する検討—日本語版 Maslach Burnout Inventory を用いて．人間科学研究．2009：31．77-84.
- 児玉佳一，編著『やさしく学ぶ教職課程 教育心理学』学文社．2020.
- 日本教育心理学会，編『教育心理学ハンドブック』有斐閣．2003.
- 櫻井茂男，編『改訂版 たのしく学べる最新教育心理学』図書文化．2017.

2 発達の理論

① 発達とは

発達の定義

　発達は，生涯にわたって続く心身の質的・量的な変化の過程である．発達は英語のdevelopmentの和訳であり，「巻物をひろげて中身が現れる」という意味合いに由来する言葉である．

　発達と似た言葉に成長があるが，これは身長や体重のような身体的・生理的側面の量的変化を意味し，主に青年期までの変化に用いられることが多い．それに対して発達は，量的変化に加えて，運動能力や技能のような機能的側面および言語や思考のような精神的側面の質的変化をも意味する言葉といえる．

　心理学における発達の定義はいくつかあるが，心理学者コフカ(Koffka, K)による「有機体やその器官が，量において増大し，構造において複雑化し，機能において有効化するとき，それを発達という」との表現がよく用いられる．たとえば，人が年齢を重ねることで，身長が伸びたり(量において増大し)，神経系が体中に行き渡ったり(構造において複雑化し)，スプーンを握って食事をしていた幼児がお箸を使えるようになったり(手の機能が「道具の使用」において有効化する)といったことは，すべて発達として扱われる．

　発達心理学では，従来，人の心身の能力が質的・量的に増大し開花する時期の変化を扱うことが多かった．しかし近年では，発達を加齢による心身の能力の衰退を迎える成人期や老年期をも含めた営みと捉える．心理学者バルテス(Baltes, P.B.)はこの生涯にわたる獲得と喪失の営みを含めて**生涯発達**と称している．

② 人の発達の特徴

　人は，独自のその人らしさをもつ個別の存在で育ち方も千差万別だが，生物としての人の発達に注目すると，そこに共通する発達の原理を見て取ることができる．その代表的なものをあげる．

二次的就巣性

　ヒトの発達を生物学的にみると，動物学者ポルトマン（Portmann, A）はヒトが1年間の**生理的早産**の状態で誕生すると指摘している．彼は，元来鳥類の区分であった，誕生したその場からすぐに離れて自立できる離巣性と誕生した場に長い間留まって養育を受ける必要がある就巣性を，哺乳類にも適用した．そしてヒトは，その両者の特徴を併せ持つ存在として1年の生理的早産の状態で誕生する哺乳類として二次的就巣性と位置づけた．

　このことは，ヒトの特徴として，未成熟で自立的に活動できない状態で誕生するものの，たとえば人の顔のような模様への視覚的感受性が高いというように，ヒトが誕生後の発達の可能性を大いに有する存在であることを示している．同時に，周囲の人々の養育が必要不可欠であり，人とのかかわりが大事であることもその特徴になるであろう．

発達の原理

分化と統合

　心身の機能が，混とんとした状態から細かく分かれていくことを**分化**といい，それらが全体としてまとまりをもった状態へと移行することを**統合**という．たとえば，子どもが「テーブルで落ち着いて食事ができる」ためには，同じ姿勢を保つ筋力の発達，各指の機能の分化，お箸を使って物を掴むというイメージの獲得など，さまざまな機能が統合して可能となる．こうした複数の感覚を整理したりまとめたりする脳の機能を**感覚統合**という．このことにより，その場その時に応じた感覚の調整や注意の向け方が可能となり，自分の身体を把握する，道具を使いこなす，人とコミュニケーションをとるなど，周囲の状況の把握とそれを踏まえた行動が可能となる．

方向性

　発達には一定の方向性がある．たとえば，運動機能の発達は，眼球運動から手や腕の運動，そして足の運動へというように頭部から胸部・尾部へと向かい，また上腕の運動から指先の運動へというように中心部から末梢部（周辺部）へと進む．

図1 発達の順序性の例（歩行に至る過程）

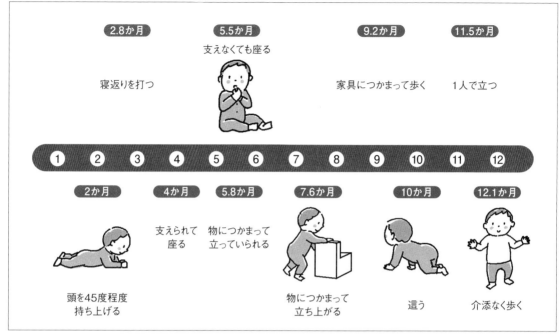

〔参考：藤田主一，楠本恭久，編著『教職をめざす人のための教育心理学』福村出版．2008．p.24.〕

順序性

　発達はある一定の順序に沿って進む．たとえば，歩行は，首が安定する，支えられて座る，ハイハイができる，物につかまって立てる，一人で立つ，歩く，の順序で発達する（図1）．

連続性

スキャモンの
発育発達曲線
………………
→p.29

　発達は，心身の各機能の発達の速度に緩急はあっても（これを異速性という），途切れなく連続した過程である．たとえば，医学者スキャモン（Scammon, R.E.）は身体の部位をリンパ型（胸腺，リンパ腺など），神経型（脳，脊髄など），一般型（肺，筋肉，骨格など），生殖型（卵巣，精巣など）の4つの型に分けてその発達の様子を発育曲線（第3章参照）として表した．

個人差

　発達には個人差がある．たとえば，同じ年齢でも身長が高い子どももいればそうでない子どももいるように，早熟や晩成といった違いがみられる．

臨界期（敏感期）

　特定の時期に特定の刺激や経験の効果が顕著に現れるが，ある一定の時期が過ぎるとその効果が生じなくなる限定された時期があり，それを**臨界期**とい

覚えておこう

「ゴールデンエイジ」は「臨界期」なのか？

- -

　ゴールデンエイジとは，人の発達のなかで，神経系の発達がほぼ完了し運動能力を高めるのに最適な時期と位置づけられ，年齢はおおよそ9～12歳ごろ（高松，2022）と記されることが多い．では，このゴールデンエイジの時期を逃すと運動能力の獲得や向上に支障が出てしまい，それを後から挽回することはできないのだろうか．実際に，そうした「特別な時期」を逃すとある能力が大きく向上することはないと信じられている向きもあるのではなかろうか．

　現状，ゴールデンエイジが臨界期ないしは敏感期に該当するという明確な科学的エビデンスは確認できておらず，また，この時期の専門的な動作の反復訓練が将来の効果的なパフォーマンスに有利かどうかの根拠も定かではない（引原，2021）．

　この時期は神経系の発達が著しく，ある課題を反復練習することでそれを意識せずに行うことが可能になっていく．ただ，筋肉や骨格の発達は途上であり，無理な運動はけがにつながる可能性もある．ある運動を習熟するにあたっては，その先行条件（たとえば，骨格筋の発達，認知の発達，経験など）が大事になることも見逃してはならない．すなわち，レディネスが必要な条件となってくるということである．そのためには，身体を使った日常的な「遊び」が重要になるであろうし，指導者としては成長の度合いに合わせて運動指導の内容を考えることも必要となる．

高松祥平．第2部 生涯発達とスポーツ実践　第2章 生涯スポーツ社会とスポーツ教育　2．現代社会における生涯スポーツの見方・考え方．編集：小野雄大，梶将徳『新時代のスポーツ教育学』　小学館集英社プロダクション．2022．p.34-5.

引原有輝．II 研究サイドの眼　発育期の運動・スポーツ・体育　11 将来を見据えた子ども期の運動・スポーツ．編集：高松薫，麻場一徳ら『競技スポーツにおけるコーチング・トレーニングの将来展望―実践と研究の場における知と技の好循環を求めて』筑波大学出版会．2021．p.250-6.

う．臨界期の例には，動物行動学者ローレンツ（Lorenz, K.Z）が見いだした**インプリンティング**（刷り込み，刻印づけ）がある．これは，生まれたばかりの鳥類のヒナが初見の動く対象の後追いをする現象である（**図2**）．この現象は生後しばらくすると弱まり，消失する．このように，臨界期は非可逆的で絶対的な時期と捉えられるが，一方で人の発達の場合，機能によって臨界期はさまざまで，特定の時期を過ぎても人との社会的・情緒的なかかわりによって回復・挽回できる場合もある．その点で，こうした時期を相対的なものと捉えて**敏感期**（最適期）ということもある．

図2 インプリンティング（ローレンツによる）

③ 発達を促す要因

遺伝を重視する考え方

　顔立ちや身長は親に似るものである．「蛙の子は蛙」という言葉があるように，発達を促す要因として遺伝的要因を重視する説を**成熟優位説（成熟説）**という．成熟とは，生得的に有している遺伝情報に基づいてさまざまな特性が発現する過程のことである．

　心理学者ゲゼル（Gesell, A.L.）は，発達における成熟の優位性を唱えた．彼は，一卵性双生児による双生児法を用いて階段上りの訓練を実施した．仮に双生児をT，Cとすると，Tには生後46週目から6週間に及ぶ訓練を行い，Cには訓練を施さなかった．CはTが訓練を完了した後に訓練を始めたが，同じ訓練を2週間で終えた．その時点でCは階段をTより早く上ることができていた．この結果からゲゼルは，成熟を待たずに行われる訓練の有効性に疑問を抱き，訓練すなわち学習のための**レディネス**（個体の内的な準備状態）が必要で，それは成熟によって獲得されると考えた．

環境を重視する考え方

　人の発達を考えるときに，その人がどのような経験を積んでいるのかを無視することはできない．「氏より育ち」という言葉があるように，日常的な活動は経験から学習することが多く，本人の自覚の如何にかかわらず周囲からの影響を受けている．発達を促す要因としてこうした環境的要因を重視する説を**学習優位説（経験説）**という．

　心理学者ワトソン（Watson, J.B.）は，発達における学習の優位性を主張した．

▶ **考えてみよう**

人がさまざまな機能や能力を獲得していく際に，臨界期もしくは敏感期と呼ばれる時期が存在するものはあるだろうか．たとえば，外国語の習得や楽器演奏はどうだろう．レディネスの概念とあわせて考えてみよう．

図3 ルクセンブルガーの図式

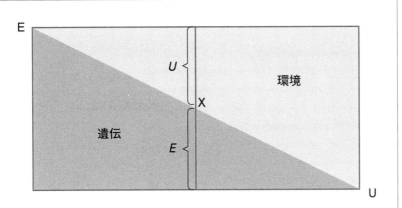

E 点寄りの形質ほど遺伝の規定を強く受け，U 点寄りの形質ほど環境の規定を強く受ける．E 点，U 点は極限点であって，遺伝または環境の規定だけを受ける形質は存在しないと考える．

〔新井邦二郎，編著『図でわかる学習と発達の心理学』福村出版．2000．p.113.〕

彼は行動主義心理学の立場を取るが，発達においても刺激と反応との結びつきを重視した．「もしも，私に何人かの健康な子どもを預けてくれるのならば，その子どもたちをどんな職業に就くことも可能にしてみせよう」という主旨の言葉は，彼の立場を顕著に示している．

遺伝も環境も重視する考え方

輻輳説

　発達を促す要因として成熟優位（遺伝）か学習優位（環境）かという論争は，やがて双方の影響を考慮することへと移行する．心理学者シュテルン（Stern, W.）は遺伝と環境の双方の影響を併せて，**輻輳説**を唱えた．輻輳とは「ひとつにまとまる」という意味で，遺伝と環境の影響を加算的に捉えた．つまり，人の特質（性質や特徴）を遺伝的要因と環境的要因の相対的な強さを足し合わせたものとして捉え，それぞれの強さは特質によって異なるという考え方である．心理学者ルクセンブルガー（Luxenburger, J.H.）による輻輳説を図式化したもの（対極説と呼ぶ）がそれをよく表している（**図3**）．すなわち，「遺伝か環境か」ではなく「遺伝も環境も」という双方の影響を踏まえて発達は促されると考えるのである．

　ただ，発達を遺伝と環境の要因を加算的に捉えるだけでは，各々がどう影響しあうのかを説明しきれないという意見もあり，遺伝と環境の相互作用を強調する考え方が唱えられるようになった．

図4 環境閾値説（ジェンセンによる）

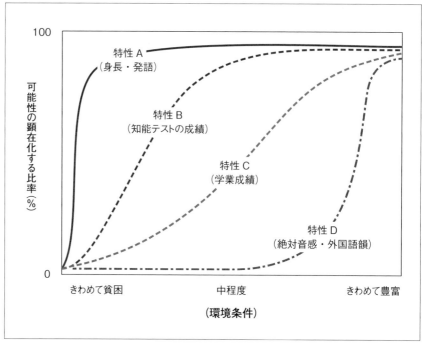

縦軸：可能性の顕在化する比率（％）
100
0

特性 A
（身長・発語）

特性 B
（知能テストの成績）

特性 C
（学業成績）

特性 D
（絶対音感・外国語韻）

きわめて貧困　　　　　中程度　　　　　きわめて豊富

（環境条件）

〔藤田主一，齋藤雅英ら，編著『新 発達と教育の心理学』福村出版．2013．p.23／
藤田主一，楠本恭久，編著『教職をめざす人のための教育心理学』福村出版．2008．p.26．〕

環境閾値説

　遺伝と環境の相互作用とは，遺伝的要因による変化が生じると環境的要因を受容する可能性が広がり，その可能性が広がると遺伝的要因もさらによりよく発現する，というものである．ただ，環境的要因が遺伝的要因に影響する程度は，人の諸特質で同一ではなく，遺伝的要因の発現のために環境的要因が果たす役割も，特質によって異なると考える．

　こうしたことから，心理学者ジェンセン（Jensen, A.R.）は，遺伝的な素質が現れるにはそれに応じたある一定の環境の条件が整っていること，すなわち環境がある一定の閾値を超えることが必要であると考え，**環境閾値説**を唱えた（図4）．たとえば，身長や顔貌は環境の条件がさほど整っていなくても遺伝的な素質によって現れてくるが，音楽や絵画などの芸術的能力は豊かな環境の条件が整わないと遺伝的な素質をもっていてもそれが表出しにくいというものである．

発達を段階的に捉える理論

発達段階と発達課題

　人の発達は，量的な変化を積み重ねつつ，質的な変化も遂げていく連続した過程である．その変化を何らかの基準で区分しまとまりとして捉えようとする試みがある．その区分を**発達段階**という．たとえば，学校制度との関連で，乳児期，幼児期，児童期，青年期，成人期，老年期といった区分があるが，心身の発達上の構造など，注目する基準によってさまざまな区分がある．

　発達の各段階は，他の段階と質的に区別でき不可逆的という前提がある．そして，あたかも螺旋階段を上るように同じところを行き来するような推移の過渡期を経て移行する．またその段階が移行する時期には，個人差や文化差あるいは時代の変遷が反映する．

　発達段階にはその時期に達成すべき身体的・心理的課題があり，これを**発達課題**という．発達課題は，発達の達成目標ではなく発達の様相を捉える目安となるもので，心理学者ハヴィガースト（Havighurst, R.J.）によって提唱された．さらに，身体的な変化に伴う心の発達に注目した神経学者・医師フロイト（Freud, S.）や心理学者エリクソン（Erikson, E.H.）の理論や，認知発達に注目したピアジェ（Piaget, J.）の理論は，発達を段階的に捉えた代表的なものである．**表1**に，それらの理論における発達の特徴と発達課題の比較を示した．その他にもピアジェの考えに強い影響を受けた心理学者コールバーグ（Kohlberg, L）による道徳性の発達理論や児童精神医学者ボウルビィ（Bowlby, J.）によるアタッチメント（愛着）の発達理論（いずれも第5章参照）などがある．

ピアジェによる道徳性発達の理論

- -

　ピアジェは認知発達の理論と関連して，道徳性にも発達段階があり，8〜10歳を境に他律的道徳性から自律的道徳性へと移行すると考えた．他律的道徳性とは，他者の視点を考慮せず，大人の判断や社会的な規範を絶対的なものとして従い，善悪の判断をする段階である．自律的道徳性とは，他者の視点を考慮し，既存の規範を順守するとともに自分自身のルールをも意識し，適正な合意と考えがあればそれに則って善悪を判断してもよい，その場合，規範は変更されてもよいと考える段階である．この2つの道徳性には自己中心性がかかわっており，脱中心化が進展するにつれて自律的道徳性への移行が進むと考えられた．

→道徳性発達のその他の理論は第5章参照．

表1 各時期の発達の特徴・発達課題の比較（主に乳児期から青年期まで）

発達期（年齢）		ハヴィガースト（発達課題の設定）	フロイト（心理・性的発達）	エリクソン（心理・社会的発達）	ピアジェ（認知の発達）
乳児期	0歳	【幼児期　0〜5歳】将来への発達の基礎を形成 ・生理的安定を確保 ・社会的存在へと向かう時期 ・歩行の学習 ・固形の食物の摂取の学習 ・話すことの学習 ・排泄の仕方を学ぶ	【口唇期　0〜1歳】「エス」のみ ・口唇から物を吸収する行為を通して外界との交流が図られる ・基本的な信頼感・安心感獲得	【乳児期　0〜1.5歳】基本的信頼 VS 不信 ・他者をあたたかく信頼できる存在として感じること ・課題達成時に「希望」獲得	【感覚運動期　0〜2歳】 ・感覚運動的行為の優位性 ・原始反射 ・循環反応 ・発話開始，象徴的機能の芽生え ・アニミズム（精霊崇拝）
	1歳	・性の相違を知り慎みを学ぶ ・社会や事物に対して簡単な概念を形成	【肛門期　1〜3歳】「自我」発達 ・排泄コントロールにより自信を獲得 ・自律性，自己有能感の獲得	【幼児期（幼児期初期）　1.5〜4歳】自律性 VS 恥・疑惑 ・排泄の躾により自分を制御すること ・課題達成時に「意志」獲得	
幼児期	2歳	・両親，兄弟姉妹，他人と情緒的に結びつく ・善悪の区別，良心の発達			【前操作期　2〜7歳】 ・「見た目」の優位性（「保存」や「系列化」の理解が未成熟） ・自己中心性
	3歳				
	4歳		【男根期 4〜6歳】「超自我」発達 ・性を意識，識別する ・性役割の意識，獲得 ・エディプス期	【児童前期（遊戯期）　4〜6歳】積極性 VS 罪悪感 ・遊びで自己主張する，自主的・積極的に行動すること ・課題達成時に「目的」獲得	
	5歳				
児童期	6歳	【児童期　6〜12歳】仲間との交流から独立を意識・模索 ・普通の遊戯に必要な身体的技能の学習	【潜伏期　6〜12歳】 ・性的欲求は一時，沈静化 ・社会参加の基礎的訓練 ・社会化への指向，勉強やスポーツへの関心が高まる	【児童後期（学童期）　6〜11歳】勤勉性 VS 劣等感 ・忍耐強く取り組むことで物事を完成させる喜びを知ること ・課題達成時に「適格」獲得	
	7歳	・成長する生活体としての自己に対する健全な態度を養う			
	8歳	・友達と仲良くする			【具体的操作期　8〜11歳】 ・知覚の可逆性の獲得（「保存」や「系列化」の獲得） ・脱中心化，一時的な自己中心性への回帰（「想像上の観衆」や「個人的な寓話」を持つようになる）とその減衰
	9歳	・男女の社会的役割を学ぶ ・読み・書き・計算の基礎的能力が発達			
	10歳	・日常生活に必要な概念が発達			
	11歳	・良心・道徳性・価値判断の発達 ・人格の独立性を達成 ・社会の諸集団への社会的態度の発達			

発達期（年齢）	ハヴィガースト（発達課題の設定）	フロイト（心理・性的発達）	エリクソン（心理・社会的発達）	ピアジェ（認知の発達）
青年期（思春期）　12歳		【性器期　12歳〜】・積極的に異性を求める・成熟した性愛の希求・心理的離乳を果たす（自立）	【青年期　12〜22歳】アイデンティティ確立VS 拡散・この自分こそが，本当の自分であると実感すること・課題達成時に「忠誠」獲得	【形式的操作期　12歳〜】・仮説演繹的思考の獲得（もし〜ならば…なるだろう）・メタ認知機能の充実
13歳 14歳	【青年期　13〜17歳】性意識，性役割意識の発達と情緒・経済・知的な自立独立・同年齢の男女との洗練された新しい交際を学ぶ			
15歳	・男女の社会的役割を学ぶ・自分の身体的構造を理解・職業を選択・準備する			
16歳	・結婚と家庭生活の準備・市民として必要な知識と態度の発達			
17歳	・社会的に責任ある行動を求め，それを成し遂げる・行動の指針としての価値や倫理体系を学ぶ			
成人期 20歳以降	【壮年初期　18〜30歳】自分の家族から独立，自らの新しい家族を形成・配偶者選択，配偶者との生活を学ぶ・第1子を家族に加える・子どもを育てる・家庭を管理する・職業に就く・市民としての責任を負う・適した社会集団を見つける		【成人前期（前成人期）23〜30歳】親密性VS孤立感・他者との親密感や連帯感を形成すること（異性含む）・課題達成時に「愛」獲得	
	【中年期　30〜55歳】社会的，市民的責任の達成，加齢に伴う生物学的変化の自覚		【成人期（成人後期）30〜65歳】生殖性VS 停滞性・社会に自分の居場所を得て，次世代の育成に関心を持つこと・課題達成時に「世話」獲得	
	【老年期　60歳以上】肉体的・知的・経済的限界の明確化，生活でも防衛的戦術を選択		【老年期　65歳以上】統合VS絶望・自分の人生を振り返り，受容すること・課題達成時に「英知」獲得	

主な発達段階の理論

ハヴィガースト

　発達課題を提唱したハヴィガーストは，身体的成熟の度合い，社会からの要請・圧力(倫理や道徳観)，個人的価値観・動機の3つの観点から課題を設定した．発達課題を立派に成就すれば個人は幸福になりその後の課題も成功するが，失敗すれば不幸になり社会で認められずその後の課題達成も困難になってくると位置づけた．そして，人の生涯を乳幼児期，児童期，青年期，壮年期，中年期，老年期の6つに区分し，各時期の発達課題を掲げ，教育的な観点から教育目標の設定に役立てようとした(表1)．

フロイト

　フロイトは性の発達に注目した心理・性的発達段階の理論を提唱した．彼は，性的エネルギーである**リビドー**(性的欲動)を人の行動の原動力と捉え，リビドーを感じる身体的部位の推移から個人の発達を理論化した(表1)．生後1年あまりの時期には授乳に伴う口唇にリビドーが集中し(口唇期)，トイレットトレーニングが始まる1歳半～4歳にはリビドーの対象が肛門に移行し(肛門期)，5～6歳には性を意識し始める(男根期)．このとき，男児は父親に**エディプス・コンプレックス**を，女児は母親に**エレクトラ・コンプレックス**を感じるとした．その後しばらくリビドーは潜伏するが(潜伏期)，思春期を迎えると成人の性愛を意識しだす時期を迎え(性器期)，成熟した大人へと移行すると考えた．

　こうした考えは必ずしも実証を伴うものではなく批判も多いが，人のもつ性欲の意味に焦点をあて議論を可能にした点で，心理学に与えた影響は大きい．

エリクソン

　フロイトの発達理論が性を強調したのに対して，エリクソンは社会的文化的側面を強調する心理・社会的発達段階の理論を提唱した．そして，人はある規則性をもって漸成的に発達するものと捉え，人の発達を8つの時期(乳児期，幼児期，児童前期，児童後期，青年期，成人前期，成人期，老年期)に区分した(表1)．これらの発達段階は，各時期で生じる自己の欲求と社会からの期待や制約との葛藤によりもたらされると考え，その葛藤を乗り越えることで次の発達段階を迎える準備が整い，健全なパーソナリティが形成されると考えた．各々の時期(ライフサイクル)の発達課題は，それが達成できなかった場合の危機状態と対にして捉え，さらに，課題達成の際の重要な他者，達成後に備わる力も位置づけた．青年期の発達課題と危機状態は，「**アイデンティティ**の確立　対　拡散」であり，これはよく知られている(第6章参照)．

　なお，エリクソンの理論では発達課題が注目されがちだが，むしろ各時期の発達の危機を自分の力で乗り越えることを重視するところにその特徴があり，それが次の時期の発達課題に向き合う力の獲得につながると考えられている．

エディプス・コンプレックス エレクトラ・コンプレックス

フロイトの提唱によるもので，ギリシャ神話に想を得ている．人の無意識内には，異性の親に対する性愛と同性の親に対する敵対心が存在すると仮定した．主に男根期にみられるとされる．このうち，男児が母親に抱く性愛と父親に抱く敵対心をエディプス・コンプレックス，女児が父親に抱く性愛と母親に抱く敵対心をエレクトラ・コンプレックスと呼ぶ．フロイトは神経症の症例検討からこうした概念を導き出した．

漸成的とは英語のepigenesisの和訳で，時間の推移とともに変化するさまのことを意味する「漸次」に関連する言葉である．発達を考えるとき，生物の生体や機能が，発生前からあらかじめ決まっているとする説を前成説，発生過程において環境の諸条件の影響をその都度受けながら徐々に(漸次的に)形成されていくとする説を漸成説という．

ピアジェ

　ピアジェは，子どもの観察や実験などから，認識や思考の発達を乳幼児期から青年期まで，4つの段階に区分して捉えた（**表1**）．彼は，実際には目の前にないもののイメージ（表象）を使って考える（操作）ことが，どのように可能になっていくのかという過程に注目した．

　感覚運動期（0～2歳ごろ）は，まだ表象を作ることができず，生得的に備わっているシェマ（第4章参照）を用いて環境の情報を取り入れる時期である．次の前操作期（2～7歳ごろ）は，表象を用いて外界とかかわりを持とうとするが，まだその表象能力が操作しきれない時期である．目の前にあるものを利用して不十分ながらも表象を操作できる具体的操作期（8～11歳ごろ）を経て，目の前にないものを表象として利用して操作できる形式的操作期（12歳以降）を迎える，と位置づけた（詳細は，第4章参照）．

これからの発達課題

　発達を段階的に捉える理論は，人のそれぞれの時期の発達の目安を考えるには有効である．しかし，その理論は時代とともに変化することもある．

　たとえば，エリクソンの発達段階は人の一生涯を8つの段階で捉えるものだったが，高齢社会の到来を迎え，エリクソン（Erikson, J.M.）は第8段階を伸長して第9の発達段階である超高齢期を位置づけ，心理的発達の内容として老年的超越の可能性を指摘している．また，性的アイデンティティが多様化している昨今では，男性・女性でさまざまなことを区分けして捉えられるかという疑問も生じるであろう．

　時代の変遷とともに人々が多様化していくならば，発達段階や発達課題もその変化に応じて変容すると考えられる．

老年的超越

元来は社会学者トレンスタム（Tornstam, L.）が提唱した概念である．老年的超越に対する危機状態が喪失で，身体能力の喪失，多数の近親者との死別，自らの死が近いことなどから生じる自尊心と自信の崩壊や不安にどう対処するかが課題となる．喪失を受け止められるとありとあらゆることに幸せを感じる状態（老年的超越）に向かうとされている．

◉文献

- 藤田主一，楠本恭久，編著『教職をめざす人のための教育心理学』福村出版．2008.
- 高松祥平．第2部 生涯発達とスポーツ実践　第2章 生涯スポーツ社会とスポーツ教育　2．現代社会における生涯スポーツの見方・考え方．編集：小野雄大，梶将徳『新時代のスポーツ教育学』 小学館集英社プロダクション．2022．p.34-5.
- 引原有輝．Ⅱ 研究サイドの眼　発育期の運動・スポーツ・体育　11　将来を見据えた子ども期の運動・スポーツ．編集：高松薫，麻場一徳ら『競技スポーツにおけるコーチング・トレーニングの将来展望─実践と研究の場における知と技の好循環を求めて』筑波大学出版会．2021．p.250-6.
- 新井邦二郎，編著『図でわかる学習と発達の心理学』福村出版．2000.
- 藤田主一，齋藤雅英ら，編著『新 発達と教育の心理学』福村出版．2013.
- 舟島なをみ，望月美知代『看護のための人間発達学 第5版』医学書院．2017.
- 柏崎秀子，編著『教職ベーシック 発達・学習の心理学 新版』北樹出版．2019.
- 増井幸恵．老年的超越．日本老年医学会雑誌．2016：53(3)．210-14.
- エリクソン，E.H.，エリクソン，J.M．翻訳：村瀬孝雄，近藤邦夫『ライフサイクル，その完結（増補版）』みすず書房．2001.
- 関一夫，齋藤慈子，編著『ベーシック発達心理学』東京大学出版会．2018.
- 心理科学研究会，編『中学・高校教師になるための教育心理学 第4版』有斐閣．2020.
- 和田万紀，編著『心理学 第4版』弘文堂．2021.

3 身体・運動の発達

学習のポイント

1. 乳児期の反射について理解しよう.
2. 一般的な発達と運動に関する発達の段階の違いを理解しよう.

① 発育と発達

一般的には,**発育**(growth)と**発達**(development)は同意語として扱われている.身体の発育発達を取り扱う体育・スポーツ科学研究分野において高石(2003)は,発育を身体の形態的な変化,発達を身体の機能的な変化として明確に相違を示している.このことから,ヒトの身体的(物質的)成長を発育,その過程で獲得する機能的な進歩(変化)を発達と解釈できる.

高石昌弘.発育発達と子どものからだ.子どもと発育発達.2003:1(1).9-12.

なお,本章では,身体・運動の発達について講じるが,発育(身体の変化)した後に発達(身体機能の変化)しているか,もしくは両者が同時に進行することを前提として進める.

② 乳児の特徴

原始反射

原始反射

新生児は生後すぐにさまざまな刺激によって特有の反射を示す.これらを原始反射という.代表的な原始反射を**表1**に示した.原始反射は,発達に直接関連する重要な反射で,脳幹,脊髄に反射中枢があり徐々に消失していく.原始反射の消失の時期については一般的には生後4～5か月といわれているが,反射の種類によって異なり,また厳密にいえば研究者間でも一定していない.原始反射がみられない場合や,消失する月齢になっても消失しないときには中枢神経系の疾患が疑われることがある.

尾本和彦,千木良あき子ら.未熟児における哺乳に関連した原始反射について.昭和歯学会雑誌.1989:9(3).267-78.

尾本ら(1989)は,哺乳障害や摂食障害を有する子どもに対するリハビリテーションを行うための基礎資料を得ることを目的とし,主に哺乳に関する原始反射(口唇反射,探索反射,吸啜反射,咬反射)の出現時期を検討している.なかでも,探索反射,吸啜反射は出生後体重が2,000g以下の子どもが2,000gを超えるとその反応が強くなっていくことを述べている.また,哺乳に関する原始反射は,その後の固形の食物摂取のためには都合が悪いため,離乳期までにかなりのものが消失していくとされる.

表1 代表的な原始反射

反射	刺激	反応	消失の目安
口唇反射	上唇と下唇を指で強くたたく	口輪筋の収縮によって口唇を閉鎖しようとする力が入る	6～7か月まで
探索反射	左右口角および上下唇中央部を数回タッピングする	・口角を刺激すると, その方向へ頭を回す ・上唇を刺激すると口を開け, 頭部を後方へそらせる ・下唇を刺激すると口を開け, 下顎を下げる	6～7か月まで
吸啜反射	小指を新生児の口の中へ3～4cm入れる	リズミカルに吸うのが感じられる	6～7か月まで
咬反射	小指を上下臼歯部歯槽堤(歯茎)の間に入れる	顎を閉じて指を咬む	5～6か月まで
モロー反射	背中と臀部を支え, 急に3～4cm下げる	肩の外展・肘の伸展後, 肩の内転・肘の屈曲(抱きつくようなしぐさ)	2～6か月まで
把握反射	指を新生児の小指側から手の中に入れ, 掌を押す	入れられた指を指全体でつかむ	1～4か月まで
緊張性脛反射	仰臥位で頭を一方へ向ける	向けた側の上下肢は伸展し, 反対側の上下肢は屈曲する	2～5か月まで
自動歩行 (原始歩行)	新生児の足が床に触れるように両脇を抱え前方に移動させる	歩行しようとする動きをする	1～2か月まで
バビンスキー反射	足裏をこすって刺激する	足の親指が反り返り, 他の4本の指が扇状に開く	1か月まで

〔参考:尾本和彦, 千木良あき子ら. 未熟児における哺乳に関連した原始反射について. 昭和歯学会雑誌. 1989:9 (3). 267-78. ／キャリア・ステーション専門学院保育士総合講座教務部編. 『国家資格・保育士試験完全準拠子どもの保健 第3版』キャリア・ステーション. 2014.〕

姿勢反射

　姿勢反射とは, 「位置感覚に関連する全身の知覚によって反射的に全身の筋が適切に緊張し, 身体の位置や姿勢および運動における平衡を保つ」こととされる(南山堂医学大辞典, 2006). つまり, 筋肉が反応して姿勢を維持しようとする反射のことで, 乳児期においても特徴的なものがみられる. 代表的な姿勢反射を**表2**に示した. これらは, 生後すぐに原始反射として出現するものもあるが生後しばらくしてから出現するものもあり, また, 一生続くものもあれば二足歩行が可能になるころに消失していくものもある. 原始反射が消失して加齢とともに姿勢反射が優位になると, 運動機能が飛躍的に伸びていくといわれる. なお, **表2**中の引き起こし反射は生後すぐにみられ, 1か月ごろまでには消失するといわれているため, 原始反射としても扱われている.

キャリア・ステーション専門学院保育士総合講座教務部編. 『国家資格・保育士試験完全準拠子どもの保健 第3版』キャリア・ステーション. 2014.

♪ 姿勢反射

表2 代表的な姿勢反射

反射	概要
パラシュート反射	うつ伏せの乳児を抱きかかえて支え，前方に降下させると，両腕を伸ばして手を開いて体を支えようとするもの．8 〜 10 か月頃からみられ，一生続くといわれている．
ランドー反射	新生児は，水平うつ伏せの状態では顔を挙上し体幹と下肢が進展する．この姿勢で顎を前屈すると下肢が屈曲する．生後3 〜 4 か月ごろからみられる．
ホッピング反射 （跳躍反射）	起立できるようになった小児を前後に倒すと効き足が出て体重の移動を支え，左右に倒すと反対側の下肢が交叉して体を支える．
引き起こし反射	仰向けの新生児の顔を正面に向け，手首を持って引き起こすと頸はやや背屈し，肘に力が入り引き起こした時に頸が正中位に立ち直る．

〔参考：『南山堂医学大辞典 第19版』南山堂．2006.〕

パラシュート反射

③ 子どもの発達

スキャモンの発育発達曲線

§ スキャモンの
　発育発達曲線

　子どもの発育発達には個人差がみられる．それは一般的には遺伝的要因や，それまでにスポーツや運動を積極的に行ってきたのかなどの環境的な要因によるものと考えられている．また，就園(就学)した同じ年代(学年)の子どもであっても，4月生まれの子どもと3月生まれの子どもには約1年の差があるため，制度的な要因によっても発育発達段階が同様ではないこともしばしばみられる．

　また，個人内であっても，身体の各器官の発育が一定でないことも知られている．なかでもスキャモン(Scammon, R.E.)によって1930年に示された発育発達曲線は，現在でも支持され続けている(藤井，2013)．スキャモンは身体の諸属性を，身長・体表面積・体重・座高などの一般型，脳重量，小脳，眼球などの神経型，胸腺などのリンパ組織をリンパ型，睾丸，卵巣，前立腺など生殖型

藤井勝紀．発育発達とScammonの発育曲線．スポーツ健康科学研究．2013：35．1-16.

図1 スキャモンの発育発達曲線

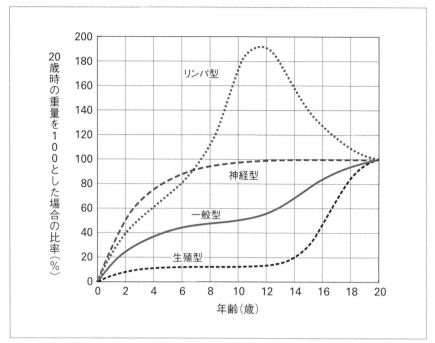

〔参考：Scammon RE. The measurement of the body in children. In：Harris JA, et al. editors. The Measurement of Man. University of Minesota Press；1930.／藤井勝紀. 発育発達とScammonの発育曲線. スポーツ健康科学研究. 2013：35. 1-16.〕

の4つの発育パターンで示した（**図1**）．それぞれの特徴としては20歳時（成人）の各器官の重量を100％として，一般型は6歳で40％，10歳で50％，14歳で70％となり，神経型では6歳までで90％，リンパ型では7歳で100％，12歳で190％，16歳で130％，生殖型では12歳で10％，16歳で40％，18歳で80％となる．この曲線から各器官の発育は特異性をもっていることがわかる．特に，14歳（一般的に中学2年生）前後のときには神経系はほぼ100％に達しているのに対して，リンパ系と生殖系の激しい変動がみられており，心身面での不安定さを示していると考えられる．

乳幼児の発達

　表3に標準的な乳幼児の発達について示した（厚生労働省，2008）．表中の**粗大運動**においては，まず重心が次第に高い位置で保てるようになり，身体の支持面積が小さくなることで自由度と敏捷性が得られるようになる．標準的には一人で歩けるようになるのは1歳前後，短時間の片足立ちは3歳，片足飛びは4歳，スキップは5歳でできるとされている．**微細運動**では，1歳半ごろからコップからコップへ水を移すなどの筋力の調整を必要とする運動ができるようになっていく．

厚生労働省雇用均等・児童家庭局.「子どもの診療医の専門研修テキスト」2008.

表3 標準的な乳幼児の発達

	粗大運動	微細運動	社会性	認知	発語
3～4か月	首が座る	おもちゃを つかんでいる	あやすと声を出して 笑う	おもちゃを見ると活発に なる	キャーキャー声を出す
6～7か月	座位保持(数秒)	おもちゃの持ち替え	人見知りをする	イナイイナイバーを喜ぶ	マ, パなどの声を出す
9～10か月	つかまり立ち	積み木を 打ち合わせる	身振りをまねる		喃語
1歳	数秒立っている	なぐり書きをする	親の後追いをする	「おいで」「ちょうだい」 を理解	意味のあることば (1つ)
1歳半	走る	コップからコップへ 水を移す	困ったときに助けを 求める	簡単なお手伝いをする	意味のあることば (3つ)
2歳	ボールをける	積み木を横に並べる	親から離れて遊ぶ	指示した体部分を指す	二語文を話す
3歳	片足立ち(2秒)	まねて○を書く	ままごとで役を演じる	色の理解(4色)	三語文を話す
4歳	ケンケンできる	人物画 (3つ以上の部位)	簡単なゲームを理解	用途の理解(5つ)	四～五語文を話す
5歳	スキップできる	人物画 (6つ以上の部位)	友達と協力して遊ぶ	ジャンケンがわかる	自分の住所を言う
6歳		紐を結ぶ		左右がわかる	自分の誕生日を言う

〔厚生労働省雇用均等・児童家庭局.「子どもの診療医の専門研修テキスト」2008. p.4より抜粋〕

　　ことばの表出については，意味を伴わない発声から1歳ごろになると「口ま
ね」となり，その後に意味をもったことばになっていく．1歳半を過ぎると単
語の理解が飛躍的に増加し，2歳を過ぎるとほとんどの子どもは二語文(例：
おなか・すいた)をしゃべるようになる．4歳になると，成人に近い四～五語
文での会話が可能となる．5歳を過ぎた辺りから，しりとりやなぞなぞがわか
るようになる．

表4 運動能力発達の特徴

期間	運動能力発達
新生児期：出生後4週間	動作の可否（動作のレパートリー拡大）
乳児期：出生1歳前後までの期間	同上
幼児期前半：1～3歳までの期間	同上
幼児期後半：4～6歳までの期間	基礎的な動作の成熟（調整力の発達）
児童期：6～15歳までの期間	運動能力の分化（体力要因の発達）
青年期：15～25歳ごろまでの期間	同上

〔出村慎一.『健康・スポーツ科学における身体の発育発達に関する研究』三恵社. 2022. p.28より抜粋〕

④ 運動能力の発達

年齢区分による運動能力の発達の特徴

　運動の発達を考えるときには，その年齢区分について議論がされている．**発育発達過程において，一般的には乳児期（概ね1歳まで），幼児期（1～6歳），児童期（6～15歳），青年期（15～22歳）と区分されることが多い．**出村（2022）によると，幼児期の1歳と6歳では運動能力の発達の違いが大きいため，3歳までと4歳以降を区切って考えることが望ましいとしている．**表4**に運動能力の発達の特徴について示した．ここでは，幼児期を前半と後半に分けている．たとえば運動の動作（動き）に関して，幼児期前半までは各種動作の獲得段階，幼児期後半では動作の成熟段階（未熟な動作から成熟動作の変化）として発達の内容を段階的に捉えている．

出村慎一.『健康・スポーツ科学における身体の発育発達に関する研究』三恵社. 2022.

基本的運動能力の発達

　基本的な運動としての走る動作については，2歳以降に急激に発達し，6～7歳までに成人のフォームに近くなる．跳ぶ動作は2～3歳ごろに発現し，成人と同じ動作への移行は3～4歳ごろ，4～5歳で跳躍動作としてのまとまりがみられ，6～8歳でほぼ成人のパターンに近づく．また，全身反応時間や反復横跳びなどの敏捷性の能力は8歳ごろまでに急激に向上し，思春期を迎えるまでに著しく発達する（臼井ら，2011）．

臼井永男，岡田修一.『発達運動論』放送大学教育振興会. 2011.

表5 実技テスト調査の比較

	男子		女子	
	小学校5年生	中学校2年生	小学校5年生	中学校2年生
握力(kg)	16.2	29.0	16.1	23.2
上体起こし(回)	18.9	25.6	18.0	21.6
長座体前屈(cm)	33.8	43.8	38.2	46.1
反復横跳び(回)	40.4	51.0	38.7	45.8
20mシャトルラン(回)	45.9	77.7	37.0	51.3
1500m持久走(秒)	—	410.9	—	304.0
50m走(秒)	9.53	8.06	9.70	8.97
立ち幅とび(cm)	150.9	196.8	144.6	166.9
ソフトボール投げ(m)	20.3	—	13.2	—
ハンドボール投げ(m)	—	20.2	—	12.4

(スポーツ庁「令和4年度　全国体力・運動能力，運動習慣等調査」2022.より抜粋)

　表5にスポーツ庁が発表した令和4年度全国体力・運動能力，運動習慣等調査の実技テスト項目の結果を抜粋した．この調査は，小学校5年生(99万人)と中学校2年生(91万人)で実施されたものである．持久走は中学校のみの項目であり，持久走と20mシャトルランのいずれかを選択している．ソフトボール投げは小学校，ハンドボール投げは中学校で実施されており年代別の比較はできないが参考として掲載する．一般的に運動能力が著しく向上する9～12歳は**ゴールデンエイジ**と呼ばれている．小学校5年生は10～11歳，中学校2年生は13～14歳であり，この3年間で基本的な運動能力が向上していることを確認しておきたい．

♪ゴールデンエイジ
　→p.17

子どもの発育発達とスポーツ活動への導入

　山田(2021)は，幼児(年少，年中，年長の園児)の運動への興味・関心をもつための運動遊びの構築を目指して，25m走，立ち幅跳び，ボール投げ，両足連続飛び越し，体支持持続時間，捕球および握力について縦断的に測定をしている．幼児期における走力は最も大きく発達し，次いで筋力，跳躍力が大きかったとして，運動遊びの構築にはこの発育発達パターンを考慮する必要があると述べている．

山田孝禎. 幼児の体力・運動能力における発育・発達パターンの違い─3年間の追跡データに基づく検討. 福井大学初等教育研究. 2021; 5. 38-44.

また大澤(2015)は最適な運動トレーニング開始年齢について検討している. まず, 体力トレーニングの最適時期については男女差があることを指摘し, 次いで持久力, 敏捷性, 柔軟性などの最適なトレーニング時期は幼児期に存在している可能性を示唆している. これらのことから筋力の最適トレーニング時期は12.6歳を挟んだ10.6 ～ 14.9歳の範囲で, 女子の場合には10.6歳を挟んだ7.65 ～ 13.55歳の範囲としている. 持久力のトレーニングについては男子では10歳, 女子では9歳からでもよいと述べている.

大澤清二. 最適な体力トレーニングの開始年齢：文部科学省新体力テストデータの解析から. 発育発達研究. 2015：69. 25-35.

運動の発達の視点からの指導

ここまでの発育発達の特徴をもとに, 特に運動指導に関する留意点をまとめる.

乳児期(～1歳半)

誕生から二足歩行するまでの間, 必然的に保護者の支持が必要となる. また体調節が上手くできないこともあるため発熱することもある. 子どもの移動や遊び, 体調の観察において**身体接触**が重要となる.

幼児期前期(1 ～ 3歳ごろ)

一般的な生活習慣が確立されると同時に, ある程度自由に体を動かし運動の形態に近づいていく. 遊びの一環としての運動を取り入れることで, 心身の健やかな発達を支援することができる.

幼児期後半(3歳ごろ～ 6歳ごろ)

基本的な運動の形態が成人のものに近づく. この年代からスポーツクラブ等への参加がみられるようになり, 集団でのルールについて知ることになる. 直接的な運動指導に当たっては, 言葉はわかるが理論的な問題は難しいため, より具体的な言葉を用いて指導者が動きの手本(見本)を見せるようにすることで理解がしやすくなる.

児童期(6 ～ 15歳ごろ)

体力的に発達をみせ, 身体も成熟に向かい, 本格的なトレーニングの開始時期を迎える. 理論的な考えや抽象的なものに対して理解ができるようになり, これからの展望ができる. 運動レベルによっては, 感覚的な表現(オノマトペ：擬音語・擬声語・擬態語)を使用することで, 運動スキルの向上がみられることがある.

青年期(15 〜 25歳)

　体力，運動スキルが成熟し，完成形となる．青年期後半では特に運動をしない場合には，加齢に伴い体力・筋力が低下していく恐れがある．

● 文献

- 高石昌弘．発育発達と子どものからだ．子どもと発育発達．2003：1(1)．9-12.
- 尾本和彦，千木良あき子ら．未熟児における哺乳に関連した原始反射について．昭和歯学会雑誌．1989：9(3)．267-78.
- キャリア・ステーション専門学院保育士総合講座教務部編．『国家資格・保育士試験完全準拠子どもの保健　第3版』キャリア・ステーション．2014.
- 藤井勝紀．発育発達とScammonの発育曲線．スポーツ健康科学研究．2013：35．1-16.
- 厚生労働省雇用均等・児童家庭局．「子どもの診療医の専門研修テキスト」2008.
- 出村慎一．『健康・スポーツ科学における身体の発育発達に関する研究』三恵社．2022.
- 臼井永男，岡田修一．『発達運動論』放送大学教育振興会．2011.
- 山田孝禎．幼児の体力・運動能力における発育・発達パターンの違い—3年間の追跡データに基づく検討．福井大学初等教育研究．2021：5．38-44.
- 大澤清二．最適な体力トレーニングの開始年齢：文部科学省新体力テストデータの解析から．発育発達研究．2015：69．25-35.

4 認知・言語の発達

学習のポイント

1. 子どもが身の回りのものごとをどのように認識して理解するのか，発達段階に応じた思考の特徴を理解しよう．
2. 認知的活動の基盤となる乳幼児期の言語発達について理解しよう．

① 認知発達とは

　私たちは，目（視覚）や耳（聴覚）をはじめとする感覚器官から受容した刺激を手がかりにして外界を認識している．たとえば，テーブルの上に置かれた果物を見て，それが「リンゴ」であると認識するまでには図1に示すような複数の情報処理が行われている．まず，リンゴが視野に入ると，リンゴから反射した光を目から受容し，リンゴの形や色の情報（赤くて丸い）を抽出する（図1-①）．抽出された色や形の情報は視神経を通じて電気信号に変換されて脳に送られ，記憶されている情報と照合（赤くて丸い果物は…?）される（図1-②）．抽出された「赤くて丸い」という情報が既に記憶されているリンゴの特徴と合致すると，目の前の果物がリンゴであると認識することができる（図1-③）．このように，ある対象や外界について理解する過程を**認知**という．

　子どもの認知は大人のそれとは質的に異なる特徴がある．幼い子どもはグラスの形が変化すると，中身のジュースの量が増えたり減ったりしたと考えてしまう．これは，視覚的な情報に影響されやすいという子どもの認知の特徴をよ

図1 リンゴを認知するプロセス

表1 ピアジェが示した認知発達の段階

ステージ	年齢	発達段階	特徴
Ⅰ期	0～2歳	感覚運動期	生得的な行動様式(シェマ)を用いて外界の刺激を認識する．身体活動が体制化され，感覚に運動を対応させることで適応している．複数のシェマを組み合わせて複雑な刺激を認識することもできる
Ⅱ期	2～7歳	前操作期	表象(イメージ)を使用した思考が可能になり，「今，ここ」を離れた思考も可能である．思考は視覚的印象(みかけ)に影響されやすい
Ⅲ期	7～11歳	具体的操作期	表象の操作が可能になり，具体的な事物や助けがあれば，「みかけ」に影響されない論理的思考が可能である．表象の操作は具体的な事象や活動に限定される
Ⅳ期	11歳～	形式的操作期	抽象的で仮説的な内容についても「推論」の形式をたどって論理的思考ができる．抽象的な事象についての表象も操作できる

〔参考：Piaget, J. Genetic epistemology. Columbia University Press. 1970.〕

く表している．子どもの認知の特徴は年齢とともに変化し，より複雑な思考プロセスを経た理解が可能になる．

② 認知的発達に関する諸理論

ピアジェの発生的認識論

　発達心理学者のピアジェ(Piaget, J.)は臨床的面接と行動観察を通して，子どもの認知構造が年齢によって質的に異なることを見いだした．ピアジェによると，子どもが思考する能力や推論する能力は成熟とともに質的に異なる段階に沿って発達する(表1)．

子どもの認知の枠組み

- -

　ピアジェの理論では，子どもの認知の枠組みを次のように説明している．子どもは能動的に環境に働きかけ，シェマ(schemas)という思考や行動の枠組みを形成する．そして，環境との相互作用によって得られる新しい経験を既存のシェマに同化(既存のシェマに当てはめた理解)すること，あるいは新しい経験に適合するように既存のシェマを調節(修正)することで，より複雑なシェマを形成する(Piaget, J., Inhelder, B., 1969)．

[シェマ(schemas)]
物理的世界や社会的世界がどのように作用しているかに関する理論で，経験的知識によって形成される．

第1段階：感覚運動期

感覚運動期は誕生から2歳ごろまでの期間で，主に乳児期に該当する．この時期の子どもの認知は，身近な環境との身体的な関わりが基盤である．身体的な活動が体制化され，見る・聴く・触るといった感覚を通してものごとを認識し，手足を動かすといった動作によって外界に働きかける．たとえば，赤ちゃんには手に取ったおもちゃを咥えるといった行動がみられる．これは自分が外界に働きかけた結果がどうなるかを主体的に学ぼうとする行為であり，対象の特徴によって反応を変えることを身につけていくプロセスである．また，感覚運動期の後半（生後12か月ごろ）になると，感覚と運動から切り離して対象物の**表象**をもつことができるようになり，対象物は視界から見えなくなっても存在し続けるという認識（**対象の永続性**）を獲得する．対象の永続性を獲得することで，子どもは表象を操ることが可能になる．

第2段階：前操作期

前操作期は2～5歳ごろで主に幼児期に該当する．2歳ごろになると，実在するモノの表象を他の事象で置き換える表象的思考が可能になる．幼児はぬいぐるみを抱いて赤ちゃんをあやすふりをするといった「ふり遊び」をするが，これは目の前に存在しない赤ちゃん（対象）を，心のなかにイメージした表象を媒介してぬいぐるみに結びつけた表象的思考にもとづいた行動である．

この時期の子どもの認知の特徴として，**自己中心性**が挙げられる．自己中心性のある子どもは，自分の視点と他者の視点を区別することができないため，他者も自分と同じものの見方をしていると考える傾向にある．ピアジェとイネルダ（Inhelder, B.）によって行われた立体模型を使用した実験（**3つ山課題**）では，図2の左側のような大きさの異なる3つの山が配置された立体模型の周囲を歩かせて，子どもにA・B・C・Dの4箇所からの見え方を確認させる．その後，子どもをAの位置に座らせ，実験者はCの位置から，模型をさまざまな角度から見た絵を子どもに提示し，実験者が見ている景色と同じ絵を選ばせる．すると，4歳児，5歳児は自分が見ている景色と同じ（Aの地点から見た景色）の絵を選んでしまう．3つ山課題で示されたように，幼児期の子どもは表象的思考が可能になるものの，論理的な表象の操作は難しく，判断や推論はまだ直観的である．

第3段階：具体的操作期

具体的操作期は7～12歳ごろまでの期間で，主に児童期に該当する．具体的操作期になると，子どもは自分と他者の視点を関連づけてものごとをとらえられるようになる（脱中心化）．また，視覚的印象（見かけ）に左右されずに，ものごとの本質を論理的にとらえられるようになる．

視覚的印象に頼らない思考が可能であることは，この時期の子どもが**保存の概念**を獲得していることからもわかる．たとえば，数の保存を獲得しているか

図2 三つ山課題

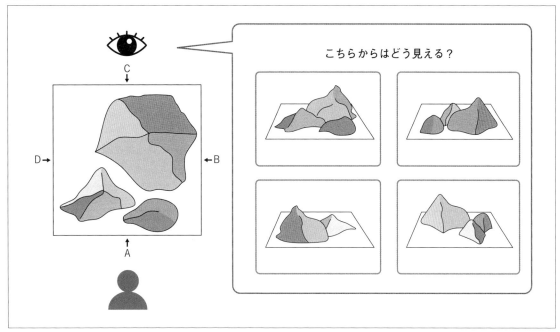

こちらからはどう見える?

〔参考：Piaget, J, Inhelder, B. La representation de l'espace chez l'enfant. Presses Universitares de France. 1948.
（Translated by Langdon, FJ, Lunzer, JL. The child's conception of space. Routledge & Kegan Paul, 1956.）〕

図3 数の保存課題

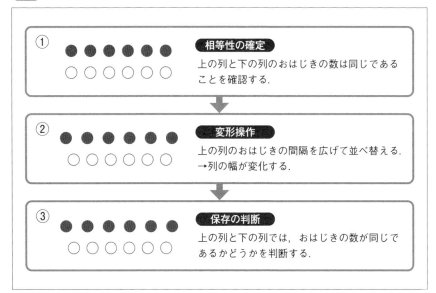

① **相等性の確定**
上の列と下の列のおはじきの数は同じである
ことを確認する.

② **変形操作**
上の列のおはじきの間隔を広げて並べ替える.
→列の幅が変化する.

③ **保存の判断**
上の列と下の列では，おはじきの数が同じで
あるかどうかを判断する.

〔参考：野呂　正．思考の発達．野呂正，編著『幼児心理学』朝倉書店．1983.〕

を調べる保存課題では，6個のおはじきを等間隔に並べ，その下に同じ数のお
はじきを平行に，両端を揃えて並べて，上下の列のおはじきの数が同じである
ことを子どもに確認させる（**図3-①**）．その後，上段に並べたおはじきの間隔

保存の概念
....
対象の形や状態を変化させ
ても，その性質は変わらな
いこと．保存の概念が獲得
されるタイミングは性質に
よって異なり，数の保存は
7歳ごろで最も早く，長さ
の保存は9〜10歳ごろ，
量の保存は11歳ごろとい
われる.

図4 薬品の混合問題

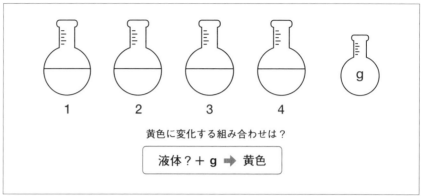

黄色に変化する組み合わせは？

液体？ ＋ g ➡ 黄色

〔参考：藤村宣之．児童期1：思考の深まり．藤村宣之，編著『発達心理学—周りの世界と
かかわりながら人はいかに育つか』ミネルヴァ書房．2009.〕

Piaget, J., Szeminska, A. La
genèse du nombre chez
l'enfant. [The development
of the number concept in
the child]. Delachaux,
Niestle. 1941.

を広げて並べ替えて列の見ためを長くして(図3-②)，子どもに「上と下のおは
じきは同じか？」と尋ねる(図3-③)．すると，7歳よりも前(前操作期)の子ど
もでは「上の列のおはじきが多い」と，おはじきの列の長さに影響された反応が
多くみられる．一方，具体的操作期に入った7歳以降の子どもは「上と下のお
はじきは同じ」と答え，その判断の理由も「上も下も取ったり増やしたりしてい
ないから」や「広げても元に戻せば同じだから」といった論理的なものになる
(Piaget, J., Szeminska, A., 1941)．具体的操作期の子どもは，「広げたおはじき
を戻す」といった関係を逆転させる表象の操作(**可逆的思考**)が可能になるため，
見かけの状態が変化しても数や量といった対象の性質は変化しないことを論理
的に導くことができる．ただし，この時期の子どもの論理的思考の対象は現実
に存在する対象物に限られ，抽象的な対象については論理的思考が難しい．

第4段階：形式的操作期

　形式的操作期に移行するのは12歳ごろで，児童期の後半，小学校高学年以
降である．形式的操作期に移行すると，現実には存在しない抽象的な対象につ
いても論理的思考が可能になる．

　イネルダとピアジェは薬品の組み合わせを考えさせる課題を用いた実験で，
子どもの思考の変化を観察している．この実験では，1・2・3・4の番号がつ
いたビンに入った4種類の無色無臭の薬品が入った液体と，gのラベルがつい
た試薬を子どもに提示し(図4)，どのような組み合わせのときに液体の色が黄
色になるのかを考えさせた．この課題を解決するには，混ぜる液体の組み合わ
せを考えて計画的に混ぜ合わせなければならないので，組織的に考える必要が
ある．

　具体的操作期の子どもは液体を混ぜる組み合わせについて組織的な思考を試
みるものの，組み合わせの一部しか考慮できず，課題の正解を導き出すことが

できなかった．一方，形式的操作期の子どもは考えられるすべての組み合わせ（15パターン）について順番に検討し，黄色になる組み合わせを発見することができた．イネルダとピアジェの実験で観察されたように，形式的操作期には高度な論理的思考が可能になり，仮定に基づいた推論や比例の概念も理解することが可能である．

前操作期の子どもは，4種類の液体とgの液体をでたらめに混ぜ合わせて諦めてしまう．

ヴィゴツキーの社会的文化理論

　ヴィゴツキー（Vygotsky, L.）は，認知発達の要因として社会的環境・文化的環境を重視した．子どもは周囲の大人や他の仲間から学習することで，発達が促されるのである．ヴィゴツキーの理論では，認知発達の水準を独力で問題解決ができる顕在化した発達水準（第1の水準）と，大人や仲間の援助があるときに問題解決ができる潜在的発達可能水準（第2の水準）に区分し，第1の水準と第2の水準の差異を**発達の最近接領域**とした．

顕在化した発達水準は知能検査や発達検査で測定される発達の状態である．

　到達している第1の水準が同じ子どもでも，周囲の働きかけが適切かどうか，また子ども自身が周囲からの働きかけを適切に利用できるかによって，到達できる第2の水準は異なる．したがって，発達の最近接領域は子どもによってさまざまな様相を現す．他者の援助によってできたことは，今後は自分1人の力でできるようになる可能性のあるものと考えられるので，発達の最近接領域とは，子どもが獲得しつつある機能や能力を示しているといえる．

🔑 発達の最近接領域

　ヴィゴツキーによると，子どもの発達に応じた適切な教育を行うには，顕在化した第1の水準と，潜在的に発達可能な第2の水準の両方を把握することが重要で，発達の最近接領域にある事柄（援助があれば達成できる課題）を教授することが有効な教育である．発達の最近接領域への働きかけは教師によるものだけでなく，子ども同士の関わりでも可能になる．同じ学年，同じクラスの子どもたちの最近接領域はお互いに近いので，授業のなかで子どもから発せられる質問や意見は，他の子どもの発達の最近接領域に働きかける刺激となる（守

発達の最近接領域の個人差

　ヴィゴツキーは，標準化された認知能力テストで精神年齢が8歳と評価された2人の子どもを比較して，子どもによって発達の最近接領域が異なることを示している．2人の子どもは認知能力テストを受けた後に実験者から課題解決の手がかりを示され，テストを再受験すると1人の子どもは12歳水準の課題解決まで到達できたが，もう一方の子どもが到達できた課題は9歳水準までだった．

表2 初語が出現するまでの段階

段階	時期	音声の特徴
第Ⅰ期	〜2か月	反射的な音声の時期
第Ⅱ期	2〜4か月	クーイング期
第Ⅲ期	4〜7か月	音声遊びの時期
第Ⅳ期	6か月ごろ〜	基準喃語（6か月ごろ〜） 反復喃語（8か月ごろ〜） 非重複性喃語（11か月ごろ〜）

〔Oller, D.K. The emergence of the sounds of speech in infancy.
In Yeni-Komshian, G.H., Kavanagh, J.F., et al.（Eds.），
Child Phonology, Vol1. Production. Academic Press. 1980.〕

屋，1986）．発達の最近接領域へ働きかけるような社会的交渉が子どもの発達を促すというヴィゴツキーの理論は，知識や技能をお互いに共有しながら課題解決をめざす協働的な学びの有効性を裏づけるものである．

③ 言語発達

ことばの発生（乳児期）

　ことばの発達に必要な要素のなかで，最も早くに発達するのがことば（音声）を聞き取る力である．聴覚の発達は胎児のときからはじまっており，胎児が外部の音声を知覚していることを示す研究がある（DeCasper, A.J., Spence, M.J. 1986や Burnham, D., Mattock, L., 2010など）．また，生後2，3か月ごろには音の区別も可能で，赤ちゃんが生後1か月ごろから話しことばの音を弁別できることを示した研究もある（Eimas, P.D., Siqueland, E.R., et al., 1971）．

　ことばの音が区別できるようになるのと並行して，ことばを話す（発声する）能力も発達する．ことばを発声する能力の発達は生後2か月ごろから始まり，1歳になるころには初めてのことば（**初語**）を発する．初語が出現するまでのプロセスは概ね4つの時期に分けられる（**表2**）．

　第Ⅰ期（生後2か月ごろまで）は生理的な活動によって反射的に音声を発する時期で，乳児は泣き声によって快・不快の状態を示すようになる．第Ⅱ期（2〜4か月）になると，機嫌のよいときに喉の奥を鳴らすような音声を出すようになる（**クーイング**）．第Ⅲ期（4〜7か月ごろ）になると，乳児は唇や喉の奥を使ってさまざまな音を出すようになる．子どもをあやそうとする母親が発する音声を模倣するようになり，母音や子音のような音の発声も可能になる．第Ⅳ期は生後6か月ごろからで，「子音＋母音」の組み合わせが明確に認識できる音（音節）を産出するようになる．この「子音＋母音」が明確な音節を**喃語**といい，

ことばの発達には①ことば（音声）を聞き取る力，②ことばを話す（発声する）力，③ことばを理解する力，の3つの要素が必要である．

DeCasper, A.J., Spence, M. J. Prenatal maternal speech influences newborn's perception of speech sounds. Infant Behavior and Development. 1986：17. 159-64.

Burnham, D., Mattock, L. Auditory development. In Bremner, J.G., Wachs, T. D.(Eds.), The Wiley - Blackwell handbook of infant development Vol.1. Wiley - Blackwell. 2010. p.81-119

Eimas, P.D., Siqueland, E. R., et al. Speech perception in infants. Science. 1971：171. 303-6.

喃語

図5 喃語の変化

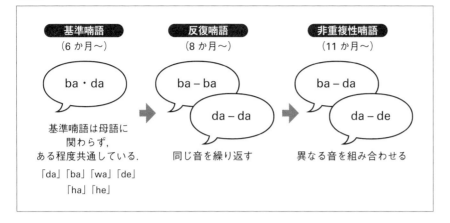

月齢とともに基準喃語，反復喃語，非重複性喃語と変化する（**図5**）.

　反復喃語が出現する8か月以降は，特定の状況で意図的に使用される喃語も出現するようになる．たとえば，母親を指して「ma‐ma」と言ったり，お腹が空いたときに「ma‐ma」と言ったりする．喃語を使ったコミュニケーションをくり返すことで，乳児は対象とことばの組み合わせを学習し，語彙を獲得する．乳児が最初に獲得した語彙を初語といい，多くの場合，身近にある対象と結びついたことばが初語として出現する.

話し言葉を赤ちゃんは知覚している

　デキャスパー（DeCasper, A.J.）とスペンス（Spence, M.J.,）(1986) の研究では，乳児の吸啜（きゅうてつ）反応を利用して，赤ちゃんが話しことばを知覚しているかどうかを調べている．この研究では，12名の妊娠している女性に依頼して，出産予定日の6週間前から特定の物語を1日に2回，声に出して朗読させた．その後，生まれて3日後の赤ちゃんに対して録音しておいた2種類の物語を聞かせた．1つは生まれるまで母親が毎日朗読していた物語で，もう1つは，全く初めて聴く物語である．赤ちゃんには吸う力の強さを測定できる特殊なおしゃぶりを咥えさせて，物語が聴こえたときの吸綴反応を記録すると，母親が毎日朗読していた物語を流したときに吸綴反応が増加することがわかった．この吸綴反応の違いは，母親以外の声で録音した物語でも同様だった.

言語発達の基盤となるコミュニケーション

　初期の言語発達には，他者とのコミュニケーションが重要な役割を果たす．ここでいう他者とは，子どもの養育に深く関わる者，多くの場合は母親や父親である．

　乳幼児がコミュニケーションを通してことばを獲得する最初の段階は，「視線」によるコミュニケーションである．生後5か月ごろから，乳児は積極的に視線を動かして周囲にある物を見ようとする主体的探索を行い，興味のある物に視線を向けるようになる．6か月ごろには，興味のある物に視線を向け，喃語を発声するようになる．このとき，養育者は乳児の視線を手がかりにして，興味をもった対象を探し，同じ物を見つめるという反応をする．このような乳児と養育者が同じ対象を見つめるという状態を**共同注視**といい，乳児は共同注視を使って周りの大人と興味の対象を共有するようになる．

　視線を介したコミュニケーションによって，自分の働きかけに養育者が応えてくれることを学習すると，乳児はさらに積極的に養育者と外界の対象を共有しようとする．9か月ごろになると，乳児は喃語を発声しながら，興味のある物に対して**指差し**をするようになる．さらに，指差しをした対象と養育者の顔を交互に見て，自分の興味ある対象が相手と共有できているかを確認するような行動も表れる．養育者は乳児の指差しに対して，指の先に顔を向けたり，指

事例 ✏

指差しを介した親子のコミュニケーション

- -

　2歳のA子は母親と公園を散歩しているときに，大型犬を散歩させている老夫婦と遭遇した．普段，家の中で遊ぶときには見たことのない大きくて毛の生えた動物が近づいてくると，A子は興味津々な様子で母親の顔を見上げ，近づいてくる犬を指差しながら「これ，なに？」と尋ねた．すると母親は犬を指差しながら「あれはワンワン（犬）よ」と答え，さらに「ワンワン，A子ちゃんの方に来るね」と母親が働きかけると，A子は「ワンワン来た」と近づいてきた犬を指差しながら答えた．A子と母親のやり取りを見ていた老夫婦が，連れている犬を指差して「ワンワン，大きいでしょう」と話しかけると，A子は少し驚いた様子をみせながらも，「ワンワン，大きいね」と犬を指差しながら答えた．この公園での経験をきっかけに，A子は散歩をする犬を見るたびに母親に「これ，ワンワン？」と尋ねるようになり，その度に母親は「そう，ワンワンよ」と根気強くA子に反応することを繰り返した．しばらくするとA子は公園で散歩をする犬を指差して「ワンワンだよ」と母親に呼びかけるようになった．

※この事例では，A子が共同注意の枠組みのなかで行った母親とのコミュニケーションを通して犬という語彙を獲得したことがわかる．幼児期(2〜3歳)の子どもは発声できる音声が限られているため，母親はワンワンという幼児語を使って犬を表現している．

図6 共同注意の枠組みを利用したコミュニケーション

の先にある対象物の名前を言うといった反応を返して，自分の注意が乳児と同じ物に向いていて，興味の対象を共有しているということを示す．このような，乳児と養育者が同じ対象に注意・関心を向けることを**共同注意**という．共同注意を通して，子どもはコミュニケーションの基本的な枠組みである**三項関係**を学習する．

　指差しの理解が可能な乳児とは，共同注意の枠組み用いて会話のようなやりとりも可能になる（図6）．共同注意の枠組みを使ったコミュニケーションを通して，子どもは物には名前があることを学習し，さらに身の回りの物の名前を学習することで新しい語彙を獲得する．このように，初期のことばの獲得には，養育者をはじめとする周囲の大人とのコミュニケーションが欠かせない．

コミュニケーションの道具としての言語：話しことばの獲得（幼児期）

　初語の出現以降，ことばを獲得した子どもは言語によるコミュニケーションの方法を身につける．生後8か月〜1歳ごろに子どもは指差しを使ったコミュニケーションを駆使して身近な物の名前などを学習し，2歳ごろには子どもの語彙が急激に増加する（**ボキャブラリースパート**，**語彙爆発**）．このころの子どもは知っていることばを羅列することで，養育者との会話を試みるようになる．2歳半〜3歳ごろになると，単語の羅列ではなく，一定の法則に従って単語を並べ，単純な文章の形になった発話によって会話ができるようになる．3〜4歳ごろには，文法の規則に則った，大人と同じような完成した文章で会話ができるようになり，自分と相手が交互に発話することで会話を進めるといった会話のルールも獲得する．

　話しことばの完成までに，子どもが使う文章の形は変化する．まず，初語が出現した段階で発話される文章は，一語文と呼ばれる1つの単語で文章が完成

共同注意によって学習される三項関係とは，子どもを中心に考えると，コミュニケーションの枠組みには自分と養育者，そして環境の3つの要素が存在し，同じ対象を介して自分と養育者が意図を共有するという関係性である．

乳児が興味ある対象を指差す→養育者はそれに呼応してその対象の名前を呼ぶ→乳児は養育者の発したモノの名前を模倣するという一連のやり取りが発生する．

🔑 ボキャブラリースパート

話しことばを獲得した子どもは，個人差はあるが，それ以前と比べておしゃべりになる傾向がある．この時期に周りの大人が子どもの会話に反応することで，子どもはさらに積極的にことばを使うようになるので，さらに言語の発達が促進される．

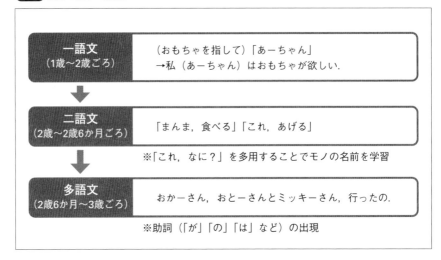

図7 話しことばの変化

一語文 （1歳〜2歳ごろ）	（おもちゃを指して）「あーちゃん」 →私（あーちゃん）はおもちゃが欲しい.

↓

二語文 （2歳〜2歳6か月ごろ）	「まんま，食べる」「これ，あげる」

※「これ，なに？」を多用することでモノの名前を学習

↓

多語文 （2歳6か月〜3歳ごろ）	おかーさん，おとーさんとミッキーさん，行ったの.

※助詞（「が」「の」「は」など）の出現

たとえば，子どもが「まんま」と発話したとき，母親が子どもの表情や声のトーンなどのことばの意味以外の要因も踏まえて，「お腹がすいたよ」という意味を読み取ってくれるという状況である.

するものである．この段階で会話が成立するためには，相手が自分の発話したことばの意味を推測してくれるという状態が必要である．子どもの語彙が増えてくると，発話される文章は一語文から二語文へと変化する．「あーちゃん（自分の名前），いく」のような名詞と動詞の組み合わせや，「まんま，いい」などの名詞と形容詞の組み合わせで文が作られる．二語文になると，一語文よりも文章の意味は限定されるが，文法的にはまだ不完全な状態なので，相手が文章の不完全な部分を補完して発話を理解してくれるという状況が必要である．二語文が操れるようになると，次第に3つ以上の単語と組み合わせた多語文に変化する．3つ以上の単語を組み合わせて文章にするためには文法の規則を理解する必要があり，文章のなかに助詞（〜が，〜は）が出現するようになる（図7）.

思考の道具としての言語：内言の獲得

コミュニケーションの道具として獲得された話しことばは，幼児期後半になると思考の道具としても使用されるようになる．幼児期の子どもは遊びのなかで，他者とのコミュニケーションを意図しない独り言を発することがしばしばある．たとえば，砂遊びの際に「次はトンネルを作るよー」と言いながら穴を掘るといった行動がみられる．このような自分に対して語りかけるような発話は**自己中心的言語**と呼ばれる.

ヴィゴツキーによると，言語を介した他者とのコミュニケーションを繰り返すなかで，子どもはその言語的コミュニケーションを思考のなかに取り入れ，自分に語りかけながら思考を体制化するようになる（柴田，2006）．ヴィゴツキーはこのような言語機能の違いに注目し，音声を伴って他者とのコミュニケーションの道具として使用されることばを**外言**，音声を伴わず思考の道具として使用されることばを**内言**と呼び区別している．幼児の独り言に代表される自己

柴田義松．『ヴィゴツキー入門 寺子屋新書』子どもの未来社．2006.

中心的言語は，外言から内言が分化する過渡期に発生するもので，言語的思考の発達の始まりと考えられる．

●文献

- Piaget, J, Inhelder, B. La representation de l'espace chez l'enfant. Presses Universitares de France. 1948.(Translated by Langdon FJ, Lunzer JL. The child's conception of space. Routledge & Kegan Paul, 1956.)
- 野呂　正．思考の発達．野呂　正，編著『幼児心理学』朝倉書店．1983.
- Piaget, J., Szeminska, A. La genèse du nombre chez l'enfant. [The development of the number concept in the child]. Delachaux, Niestle. 1941.
- 守屋慶子．ヴィゴツキー，L. S. ルリヤ，A. R.　村井 潤一，編『別冊発達4 発達の理論をきずく』ミネルヴァ書房．1986.　p.163-91.
- DeCasper, A.J., Spence, M.J. Prenatal maternal speech influences newborn's perception of speech sounds. Infant Behavior and Development. 1986：9(2). 133-50.
- Burnham, D., Mattock, L. Auditory development. In Bremner, J.G., Wachs, T.D.(Eds.), The Wiley - Blackwell handbook of infant development Vol.1. Wiley – Blackwell. 2010. p.81-119
- Eimas, P.D., Siqueland, E.R., et al. Speech perception in infants. Science. 1971：171. 303-6.
- Oller, D.K. The emergence of the sounds of speech in infancy. In Yeni-Komshian, G.H., Kavanagh, J.F., et al.(Eds.), Child Phonology, Vol.1. Production. Academic Press. 1980. p.93-112.
- 柴田義松．『ヴィゴツキー入門 寺子屋新書』子どもの未来社．2006.
- 藤村宣之．児童期1：思考の深まり．藤村宣之，編著『発達心理学—周りの世界とかかわりながら人はいかに育つか』ミネルヴァ書房．2009.

5 社会性・道徳性の発達

>> 社会性の発達

① 社会性の発達の基盤

社会性とは

　社会的関係を築くには，規範や制度に合わせて自身の感情や欲求を制御する能力や，他者の感情や欲求を理解し，相手を傷つけないように配慮する態度が求められる．このような社会で必要とされる能力や態度が社会性である.

愛着(アタッチメント)とは

　社会性を発達させるには，乳幼児期の人間関係を基盤とした愛着形成が重要である．ボウルビィ(Bowlby, J., 1969)は，愛着を子どもと養育者との「生涯にわたる情緒的なつながり」と定義した．愛着が形成されると養育者の側にいたい欲求が生じ，離れると不安になる．環境を探索する際に恐怖を感じると安全基地である養育者に駆け寄る．養育者とは母親に限らず，乳幼児の生理的欲求に常に対応できる馴染みのある大人のことを指す.

Bowlby, J. Attachment and Loss, Vol. 1 Attachment. Hogarth Press. 1969.(J. ボウルビィ，黒田実郎，大羽蓁ら，訳『母子関係の理論 1 愛着行動』岩崎学術出版社，1976.)

② 愛着理論

マターナル・デプリベーション(母性剥奪)

　ボウルビィが愛着理論を体系化する過程で最初に注目したのが，マターナル・デプリベーションという養育の剥奪体験である．ボウルビィは乳児院や施設において，愛着形成や情緒的相互作用が極端に阻害されると，心身の発達の遅れが出ると指摘した．これを施設症(ホスピタリズム)と呼び，乳幼児と母親との人間関係が精神衛生の根本であると強調し，母性的養育の剥奪への危険性を提唱したのである.

図1 ハーロウの代理母実験

ハーロウの代理母実験

　当初，愛着形成には乳児の食事の世話などの欲求の充足が重要と考えられていた．しかしハーロウ(Harlow, H.F., 1958)は，子ザルを用いた実験で身体的接触が愛着形成に重要な役割を果たすと指摘した．この実験では，実母から引き離された子ザルが2体の模型(代理母)の元で育てられた．針金製の代理母には栄養を摂取できるボトルがセットされている．もう片方の代理母は柔らかいタオル地で覆われている(図1).

　子ザルは食事のみを針金製の代理母の元で済ませ，1日のほとんどを柔らかい布製の代理母と過ごした．また子ザルを驚かせると布製の代理母に逃げ込んだ．単に食事を与えるだけでなく，身体接触による養育者からの安らぎが愛着形成に重要なのである．

Harlow, H. F. The nature of love. American Psychologist. 1958：13(12)．673-85.

参考動画

子ザルを用いたハーロウによる一連の研究は，現代の研究倫理が整備される前に行われたものである．現代においてこのような実験は非倫理的であり実施できない．

③ 愛着の発達段階

人見知りと分離不安

　生後2，3か月の赤ちゃんは誰に対しても微笑みかけ，好ましい反応を引き出す．やがて馴染みのある顔に対して笑顔を向け，6，7か月を過ぎたあたりから見知らぬ人に対する恐怖を示す．また養育者が離れたときには分離不安を示す．愛着の結果である人見知りや分離不安は通常1歳までにみられる．

社会的参照と共同注意

　寝返りやハイハイなどの著しい身体的発達に伴い行動範囲が拡大すると，乳児はさまざまな物に興味関心を示して能動的に探索行動を行う．探索行動の際に，見知らぬ人や対象に遭遇して不安を感じると，子どもは養育者を見てどの

図2 ストレンジ・シチュエーション法の手続き

1. 実験者が親子を部屋に案内する. おもちゃなどが置いてある.

2. 子どもはおもちゃで遊ぶなど部屋を探索する.

3. 見知らぬ人が部屋に入ってくる.

4. 親は静かに部屋を出て行く. 見知らぬ人が子どもをあやそうとする.

5. 親が戻ってきて子どもを慰める. 見知らぬ人は退室する.

6. 再び母親が退室して子どもは1人きりになる.

7. 見知らぬ人が部屋に戻り子どもをあやす.

8. 最後に母親が戻ってくる. 見知らぬ人は退室する.

ように対応すべきか確認を行うようになる. これを**社会的参照**と呼ぶ. 子ども
は養育者の表情や接し方を手がかりにして, 見知らぬ対象に意味づけをするの
である. このことは子どもの認識が, 養育者との1対1の関係(二項関係)から,
他者を介した三項関係へ移行したことを意味する.

社会的参照がみられる生後9か月から1歳前後には, 相手に見てもらいたい
物を促す**指差し**や, 他者の注意が向いている対象に自らも注意を向ける**共同注
意**の現象もみられる. 三項関係による注意の共有は, 共感性の発達や他者理解
の基礎となる.

> 社会的参照

> 共同注意

内的作業モデル

子どもは成長に伴い, 養育者と一定時間離れても落ち着いて過ごせるように
なる. 内在化した養育者のイメージ(表象)が機能して, 離れていても一緒にい
るように安心して振る舞えるのである. 養育者との関係性の表象を内的作業モ
デルと呼ぶ. 内的作業モデルは特定の愛着対象との関係から他者や環境との関
係性に一般化したモデルであり, その後の対人関係に影響を及ぼすと仮定され
ている.

Ainsworth, M., Bell, S.
Attachment, Exploration,
and Separation : Illustrated
by the Behavior of One-
Year-Olds in a Strange
Situation. Child
Development. 1970 : 41.
49-67.

参考動画

④ ストレンジ・シチュエーション法と愛着パターン

エインズワース(Ainsworth, M.D., 1970)は, 一時的に部屋に残された子ども
と母親が再会する際の反応を観察して, 愛着に関する重要なパターンを見いだ

表1 愛着のタイプの4類型

安定型	親が部屋から出ると多少は泣いたり混乱したりするが，戻ってくると接触を求めてすぐに落ち着く．見知らぬ人よりも親に愛着行動を示す．親は安全基地として機能している
回避型	親が部屋から出ても気にしない．見知らぬ人にも親と同じように反応する．親が戻っても抱きつかない．親が安全基地として機能しない
アンビバレント型	親が部屋から出ると泣き叫ぶなどの非常に強い混乱を示す．戻った親に対して，しがみつくなどの接触を求めるが，同時に叩くなどの激しい怒りを表す．怖がりで部屋を探索しない．子どもが不安や恐怖を感じたときの，親の対応に一貫性がない
無秩序型	親が部屋から出ると凍りついたりように止まったり不規則に走り回ったりする．親が戻ると倒れ込んだり遠ざけたりして逃げようとする．親が子どもへの対応に自信をもてず，愛着関連の問題を抱えている場合が多い

した．この手続きをストレンジ・シチュエーション法と呼ぶ（**図2**）．

エインズワースの研究から，愛着には主に「安全型」，「回避型」，「アンビバレント型」の3つのパターンがあると結論づけた．その後，メインとソロモン（Main, M., Solomon, J., 1990）の研究により「無秩序型」が加えられ，4つの愛着パターンが示された（**表1**）．

愛着パターンは青年期以降の対人関係を予測するが，その後の人間関係や内省力も重要である．青木ら（2006）は，虐待を世間間で連続させない要因に「持続した情緒的支持を与えてくれる人が1人以上いる」と「過去のネガティブな養育経験を多面的かつ整合性のある見方で他者に語ることができる」の2点を挙げている．内的作業モデルは持続性がある一方で，受容的な人間関係や，多面的な内省と表現によって変容する可能性がある．

⑤ 仲間関係の発達

ギャングエイジ

保護者と密接な関係にあった子どもが9歳頃になると，教室での席が近い，帰る方向が一緒など，物理的に近い友達と仲間関係を形成し始める．同性（主に男子），同年齢による閉鎖的な集団内で，自分達のルールや秘密を共有するなどして一体感を重んじる．この時期をギャングエイジと呼ぶ．ギャングエイジには保護者より仲間集団の承認が重要になるため，自立の芽生えとなる．

エインズワースはボウルビィが勤務していたロンドンのタビストック・クリニックで子どもの行動記録の分析などを行っていた．アメリカのジョンズ・ホプキンズ大学に着任した後も愛着に関する関心を持ち続け，ストレンジ・シチュエーション法を開発して愛着行動の実証研究に着手した．

Main, M., Solomon, J. Procedures for identifying infants as disorganized/ disoriented during the Ainsworth Strange Situation. In Greenberg, M.T., Cicchetti, D., et al.(Eds.), Attachment in the preschool years：Theory, research, and intervention. The University of Chicago Press. 1990. p.121-60.

青木豊，松本英夫．愛着研究・理論に基礎付けられた乳幼児虐待に対するアプローチについて．児童青年精神医学とその近接領域．2006：47(1)．1-15.

チャムシップ

　思春期に入ると，物理的な近さよりも部活動や趣味を通じた共通点や類似性で結ばれた関係を築くようになる．同性（主に女子）で，同質性が高く排他的な関係を形成して，トイレに行くときなども一緒に行動する．このような関係をチャムシップと呼ぶ．この時期に，保護者や他の友達に話さない悩みや不安を親友と共有することで，思いやりや配慮などの社会的スキルを学んでいく．

ピアグループ

　青年期には精神的に支え合う友人関係が構築される．共通点や類似性で結びつくチャムシップと異なり，互いの価値観を認め合い尊重する関係になる．このような関係をピアグループと呼ぶ．ピアグループは性別や年齢も多様となるため，他者との違いを認識して独自の価値観を築く契機となる．

⑥ 共感性と他者理解

認知的側面からの他者の理解

　共感性は他者の視点に立って考える認知的側面と，他者の心情を慮る感情的側面の両方が含まれている概念である．

心の理論

　他者の心の状態を推論し，意図や信念を理解する能力を「心の理論」と呼ぶ．バロンコーエンら（Baron-Cohen, S., et al., 1985）は，自閉スペクトラム障害の子ども達が他者の視点に立つのが苦手な背景には，心の理論の障害があると仮定した．そして他者の信念を理解できるか検証する課題である「誤信念課題」を作成した（図3）．

　サリーとアンの課題に正答するには，他者の心の状態，特に目的，意図，信念を推測する心の能力が必要となる．この能力は4歳くらいまでに発達することが知られており，他者の心を推測する基盤となると考えられている．

感情的側面からの共感性

　他者を援助する理由は感情機能の発達に伴い変化する．援助の理由が賞賛による承認欲求の充足が目的である自己志向的な段階から，相手への心配や配慮に基づいた役割取得による他者志向的な段階へと進んでいく．

　共感性は他者の視点に立って考える認知的側面と，他者の心情を慮る感情的側面のバランスが大切である．認知的に他者の心の状態を理解しても，感情的な思いやりや配慮が欠けていると，自身の利益追求のために他者を操作する行動へ結びつく可能性もあるからである．

♪心の理論

Baron-Cohen, S, Leslie A. M., et al. Does the autistic child have a 'theory of mind'?", Cognition. 1985 : 21 (1). 37-46.

図3 サリーとアンの課題

これはサリーです　　　　　これはアンです

サリーはカゴをもっています.
アンは箱をもっています.

サリーはビー玉をもっています.
サリーはビー玉を自分のカゴに
入れました.

サリーは外に散歩に出かけました.

アンはサリーのビー玉をカゴから
取り出すと自分の箱に入れました.

サリーが帰ってきました.
サリーは自分のビー玉で遊びたいと
思いました.
サリーがビー玉を探すのは
どこでしょう?

① 道徳性の発達理論

道徳性とは

道徳性とは善悪の判断を行う能力や態度であり，よりよい生き方を志向する人格特性である．

コールバーグの道徳性の発達段階

Kohlberg, L. Stage and sequence：The cognitive developmental approach to socialization. In Goslin, D.A. (Ed.)．Handbook of socialization theory and research (P.379). Rand McNally. 1969. p.379.

コールバーグ(Kohlberg, L., 1969)は研究協力者にモラル・ジレンマ課題を示し，主人公の道徳的判断とその理由を分類して，道徳性発達の段階説を提唱した．

モラル・ジレンマ課題の例

ある女性がガンで死にかけていました．その女性を救える薬が1つだけあります．その薬は製造コストが高く仕入れ値の10倍の価格でした．薬剤師は200ドルで仕入れて，薬を2,000ドルで販売していました．女性の夫のハインツはお金を借りて集めましたが，1,000ドルほどにしかなりません．彼は薬剤師に事情を話し，値引き，もしくは後払いを頼みました．しかし薬剤師は「この薬を発見したのは私なので儲けるつもりだ」と断りました．ハインツは自暴自棄になり薬を盗もうとその男の店に侵入しました．ハインツはそうすべきだったのでしょうか？ （Kohlberg, L., 1969, p.379. を筆者訳出）

そして道徳性発達の段階を3水準(各水準は2段階)に整理した．道徳性の発達は判断基準がない「前慣習的な道徳性の水準」から始まる．次に，他者や環境に合わせた判断基準に従う「慣習的な道徳性の水準」に進む．最終的には，他者の権利やルール変更も視野に入れた独立した判断基準を創造する「後慣習的な道徳性の水準」へ到達するとした(図4)．

「前慣習的な水準」では，罰を避けることや自身の利益と報酬に基づいて道徳的判断を行う．「慣習的な水準」になると，社会的な承認や権威に従うことで社会の秩序を守るような道徳的判断を行う．「後慣習的な水準」になると社会秩序と個人の権利のバランスを考慮し，最終的には自身が属する社会の規範や法律を超えた普遍的な倫理に基づいて道徳的判断を行うとした．

図4 道徳性の発達段階

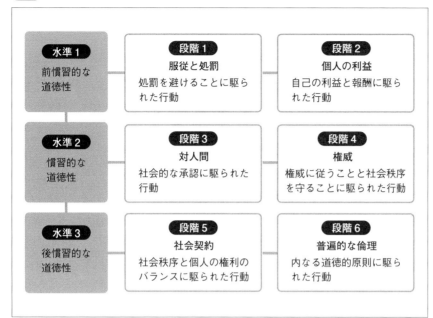

Gilligan, C. In a different voice : Psychological theory and women's development. Harvard University Press. 1982.(C. ギリガン，岩男寿美子，監訳『もうひとつの声—男女道徳観のちがいと女性のアイデンティティ』川島書店．1986.)

ギリガンはかつてコールバーグの研究助手であり，コールバーグの道徳性発達の研究をサポートしていた．その過程で彼女はコールバーグの理論が主に白人男性を研究対象として行われており，西洋男性的価値観に基づく「正義」の道徳であるという問題点に気づき，女性の道徳判断の特徴は配慮と責任の側面が強いと主張した．

ギリガンの道徳性発達理論

　ギリガン(Giligan, C., 1982)は女性の美徳とされてきた「配慮」の道徳性にも注目する必要性を唱えた．たとえば，ハインツのモラル・ジレンマ課題に対しては，多くの女性が薬を盗むべきではないと答える．その背景はハインツが刑務所に入り妻と離れると，彼女の世話ができなくなり死んでしまうという理由である．正義や公正さを重視する男性とは異なり，女性が他者への配慮と責任を重視した道徳性判断を行う傾向を示したのである．

② 向社会的行動

　人はボランティアや寄付を自発的に行うことがある．報酬を期待せずに，他者や他の人々の集団を支援するため自発的に行動することを向社会的行動と呼ぶ．アイゼンバーグ(Eisenberg. N., 1979)は，自身の損失や犠牲が必要となる場面を設定して道徳的判断の発達的研究を行った．たとえば，「友人の誕生会にいく途中で，怪我をしている子から親を呼んできてほしいと頼まれる」というモラル・ジレンマ課題である．主人公がその子を助けると誕生日会に行けなくなり，楽しい思いができなくなる．アイゼンバーグは，高学年から中高生にかけて他者の視点に立って考える「役割取得」が可能となり，共感的志向の段階へと発達が進むことを示した(**表2**)．

向社会的行動

表2 アイゼンバーグの向社会的行動の発達段階

段階1	快楽志向	自分の利益に基づく
段階2	他者要求志向	他者の要求に基づくが共感性はない
段階3	承認・対人的志向	他者からの賞賛に基づき承認を志向する
段階4	共感的志向	共感性に基づき他者の要求を役割取得から解釈する
段階5	内在化された 価値観志向	内面化された価値観，尊厳，権利，公正性の信念に基づく

◉ **文献**

- Bowlby, J. Attachment and Loss, Vol. 1 Attachment. Hogarth Press. 1969.（J. ボウルビィ．黒田実郎，大羽蓁ら，訳『母子関係の理論 1 愛着行動』岩崎学術出版社．1976.）
- Harlow, H. F. The nature of love. American Psychologist. 1958：13(12)．673-85.
- Ainsworth, M., Bell, S. Attachment, Exploration, and Separation：Illustrated by the Behavior of One-Year-Olds in a Strange Situation. Child Development. 1970：41. 49-67.
- Main, M., Solomon, J. Procedures for identifying infants as disorganized/disoriented during the Ainsworth Strange Situation. In Greenberg, M. T., Cicchetti, D., et al.(Eds.)，Attachment in the preschool years：Theory, research, and intervention. The University of Chicago Press. 1990. p.121-60.
- 青木豊，松本英夫．愛着研究・理論に基礎付けられた乳幼児虐待に対するアプローチについて．児童青年精神医学とその近接領域．2006：47(1)．1-15.
- Kohlberg, L. Stage and sequence：The cognitive developmental approach to socialization. In Goslin, D.A. (Ed.)．Handbook of socialization theory and research (p.379). Rand McNally. 1969.
- Gilligan, C. In a different voice：Psychological theory and women's development. Harvard University Press. 1982.(C. ギリガン．岩男寿美子，監訳『もうひとつの声—男女道徳観のちがいと女性のアイデンティティ』川島書店．1986.)
- Eisenberg-Berg, N. Development of children's prosocial moral judgment. Developmental Psychology. 1979：15(2)．128-37.
- Mussen, P., Eisenberg-Berg, N. Roots of caring, sharing, and helping：The development of prosocial behavior in children. W. H. Freeman. 1977.
- Baron-Cohen, S, Leslie A.M., et al. Does the autistic child have a 'theory of mind'?", Cognition. 1985：21(1)．37-46.

考えてみよう

道徳性発達を題材としたアクティブラーニングの実施

- -

　複雑化，多様化した現代においては，互いの利益や価値観の対立が起こりやすい．対立や分断を避けるためには，暴力や威嚇に頼らずに，話し合いや交渉によって互いに納得するポイントを見いだす能力が必要とされる．

　昨今の大学においては単に知識や教養を身につけるだけでなく，それらを駆使して問題を解決する能力や，倫理観を醸成することをディプロマポリシー（学位授与に必要な修了要件や能力）に掲げている大学は多い．また，小中高の授業においてもモラル・ジレンマの課題を取り上げて，葛藤場面における判断や行動について生徒が主体的に考えて議論を行うアクティブラーニングを行っている事例もある．生産的な話し合いによって問題と向き合い共生をめざす過程を体験的に学ぶことができれば，道徳的判断力を養うだけでなく，より高い水準の道徳性発達段階に導くことも可能になるかもしれない．

　もしも，自身が道徳性発達を題材したアクティブラーニングを行うとしたらどのような構成にするか，注意点などを含めて考えてみよう．

6 思春期・青年期の発達

学習のポイント

1. 現代社会における思春期・青年期の位置づけを理解しよう.
2. 思春期・青年期の心理的, 身体的, 社会的な発達の特徴を学ぼう.

① 発達とは

皆さんは, 自分自身のことを大人だと思うだろうか. 多くの人は大学生になればもう子どもではないと考えるだろう. しかし, 自分は大人だと言いきれる人は少ないのではないだろうか.

日本財団が6か国の17〜19歳の若者に行った調査では, 「自分は大人だと思う」と答えたのは27.3%で6か国中最も少なかった(日本財団, 2022)(表1).

表1 「自分は大人だと思う」に「はい」と回答した割合

日本	27.3%	中国	71.0%
アメリカ	85.7%	韓国	46.7%
イギリス	85.9%	インド	83.7%

〔参考：日本財団. 18歳意識調査「第46回―国や社会に対する意識(6カ国調査)」調査報告書. 2022.〕

現代社会においては, 大人と子どもの境目は明確ではなく, 成人年齢に達していたとしても, あるいは身体は大人になっていたとしても, 必ずしも大人とみなされるわけではない. 人の生涯のなかで大人と子どもの中間にあたるこのような時期は**青年期**と呼ばれる. 本章では, 思春期・青年期の発達と特徴について学んでいく.

青年期

女子では11歳頃から, 男子では13歳頃から始まる. 終わりの時期は明確でなく, 22歳頃, 20歳代後半などいくつかの考え方がある.

思春期

第二次性徴が出現する児童期の後半から青年期の前半を指す.

さまざまな大人の基準

現代社会においては, 大人にはさまざまな基準がある. 思春期・青年期について学ぶにあたって, はじめに現在の日本での大人の基準について考えてみよう.

成人年齢は, 2022(令和4)年3月31日までは20歳であったが, 民法が改正されて2022(令和4)年4月1日から18歳に引き下げられた.

成人年齢に関する法律

大人の基準として最もわかりやすいものは法律上の成人年齢であろう. 現在の日本における成人年齢は, 民法第4条に「年齢十八歳をもって, 成年とする.」と規定されているように, 18歳となっている. 18歳になると選挙権が与

表2 成人の年齢に関連する主な法律

法律名	条文	内容
民法	第4条	年齢18歳をもって，成年とする
少年法	第2条	この法律において「少年」とは，20歳に満たない者をいう
未成年者飲酒禁止法	第1条	満20年に至らさる者は酒類を飲用することを得す
未成年者喫煙禁止法	第1条	20歳未満の者は煙草を喫することを得す
競馬法	第28条	20歳未満の者は，勝馬投票券を購入し，又は譲り受けてはならない
モーターボート競走法	第12条	20歳未満の者は，舟券を購入し，又は譲り受けてはならない
自転車競技法	第9条	20歳未満の者は，車券を購入し，又は譲り受けてはならない

えられたり，親の同意なく契約が結べたりする.

しかし，18歳では法律上大人と同等に扱われていない側面もある. たとえば，飲酒や喫煙，競馬や競艇，競輪などの公営のギャンブルはいずれも満20歳未満は法律で禁止されている. また，犯罪や犯罪のおそれのある行為をした場合，20歳未満は少年法が適用されて，特別の措置がとられ，一定の保護がなされる(**表2**).

以上のように，法律の側面からみると，現在の日本においては，成人年齢は18歳であるが，完全に大人として扱われるのは20歳になってからである.

それぞれ，未成年者飲酒禁止法，未成年者喫煙禁止法，競馬法，モーターボート競走法，自転車競技法で定められている.

成人年齢が18歳に引き下げられたが，94.8%の自治体が成人式の対象年齢を20歳としている(法務省，2022.).

通過儀礼

大人になるというと成人式を思い出す人もいるかもしれない. 現在の日本では，自治体が成人式を実施しており，多くの若者が参加している. 成人式は通過儀礼の一つで，成人になったことを社会的に認め，本人もそのことを容認する意義をもつ儀礼である. かつての成人式は，服装や髪型を変えたり，身体的精神的に苦痛を伴う活動を行ったりすることを通して，社会的地位や役割が変わっていくものであった. しかし，現在の日本の成人式は通過儀礼としての意

通過儀礼

「ある状態から別の状態へ，ないしはある世界(宇宙的あるいは社会的な)から他の世界への移動に際して行われる儀式上の連続」と定義される(ヘネップ，2012).

味は薄れて，成人式に参加したからといって，社会的地位や役割が変わることはなく，精神的に成人になったと感じさせる儀式的な意味合いが強いものとなっている．

身体的成熟

　身体的な発達については，後述（p.62）するようにほとんどの人が中学生から高校生くらいに生殖能力も備わり，高校生になれば成人と変わらない体格となる．大学生の皆さんは，量的にも質的にも身体的には十分に大人といえるであろう．

経済面，生活面の自立

　職業に就いて経済的に自立することも大人になることの一つの側面である．現在の日本においては，20歳を過ぎても学校に通っている者が多く，職業に就いている者は少ない．大学進学率は56.6%であり，半数以上が少なくとも22歳まで学校に通っていることになる．また，未婚の学生を対象とした調査では男性の62.5%，女性の74.5%が親と同居しており（国立社会保障・人口問題研究所，2022），生活面でも親に依存している者が多い．

　もちろん，学校に通っているからといってすべての人が経済的に自立していないとは言い切れないし，親と同居しているからといって必ずしも生活面で親に依存しているとは限らない．しかし，20歳の段階で，経済的に生活的に完全に自立している者は限られているだろう．

家族形成

　結婚して新たな家族を作ることで一人前の大人になるという考え方もある．現在の結婚の状況について見てみると，現在の日本の平均初婚年齢は，2021年の調査では男性で31.0歳，女性で29.5歳となっており（厚生労働省，2023），以前と比べて結婚する年齢が上がっている（図1）．また，結婚しない者も増えており，2020年の国勢調査では，50代前半の男性の26.6%，女性の16.5%が未婚であり，結婚することが当たり前ではなくなってきている（表3）．

　同様に，子どもを産む年齢も遅くなっている．女性が1人目の子どもを産んだ年齢は，2021年には32.2歳であり，10年前と比べて1歳程度，20年前と比べると2歳以上遅くなっている（図2）．

　すなわち，家族形成については，開始時期が遅くなっているだけでなく，必ずしも必要ないという考え方も増えている．

2022（令和4）年の高等教育進学率（18歳人口のうち大学，短期大学，高等専門学校，専門学校に進学した者の割合）は83.8%で，高校卒業後に就職をした者はわずか16.3%である（文部科学省，2022）.

厚生労働省．令和3年 人口動態統計．2023.

1984（昭和59）年のNHK放送文化研究所の調査では「人間は結婚してはじめて一人前になる」という考え方について約60%の人が賛成していたが，現在では，67.5%の人が「必ずしも結婚する必要はない」と考えている（NHK放送文化研究所，2019）.

図1 平均初婚年齢の推移

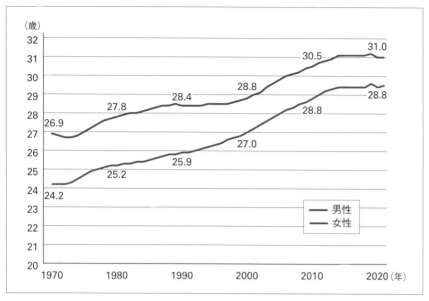

〔参考：厚生労働省. 令和3年 人口動態統計. 2023.〕

表3 年齢段階ごとの未婚率（%）

	男性	女性		男性	女性
25 ～ 29歳	76.4	65.8	40 ～ 44歳	32.2	21.3
30 ～ 34歳	51.8	38.5	45 ～ 49歳	29.9	19.2
35 ～ 39歳	38.5	26.2	50 ～ 54歳	26.6	16.5

〔参考：総務省，令和2年 国勢調査. 2022.〕

図2 第1子出産時の母親の平均年齢

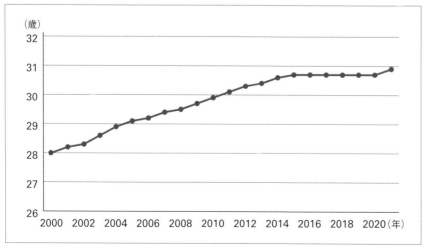

〔参考：厚生労働省. 令和3年人口動態統計. 2023.〕

精神的な大人

　精神的に成熟することを大人の基準と考える人もいるであろう．たとえば，「Aさんは大人だ」と言ったときに，皆さんはAさんをどんな人物であると考えるだろうか．おそらく，冷静である，落ち着いている，責任感がある，などが挙がるだろう．現代社会では，大人という言葉のなかには，年齢や身体的成熟，経済的，社会的自立などに加えて，精神的な側面での成熟も含まれている．

大人でも子どもでもない時期としての青年期

　以上のように，現代社会には大人の基準がさまざまあり，人生のなかで大人でも子どもでもない時期が長く存在する．歴史的に見ると，少なくとも中世まではこのような大人でも子どもでもない時期は存在しておらず，ある年齢になると，あるいは通過儀礼を経ると，子どもから大人になっていったとされる．20世紀初頭の頃から，社会が複雑になり，大人になるためにはさまざまなことが要求されるようになり，大人になるのに時間がかかるようになった．その結果，人生のなかで青年期という時期が出現し，この期間に教育を受けたり，さまざまなことを経験したり，大人の準備をする時期と位置づけられるようになったのである．

② 思春期・青年期の身体的な発達

　思春期に入ると，量的，質的に身体的発達が急速に進む．量的な発達について，日本小児内分泌学会が作成している身長・体重曲線から読みとることができ，女子では16歳くらい，男子では17，18歳くらいになると，平均身長，平均体重が成人とほぼ同程度になり，成人の体格になる．

　質的な発達としては，思春期には第二次性徴が出現する．第二次性徴とは，身体の性的な成熟を指しており，男子においては，精通，声変わり，陰茎や精巣の発育，体毛の発生，男性的な体型への発育，女子においては，初経（初潮），生殖器官や胸部の発育，女性的な丸みをおびた体型の発育などである．これらの変化は，視床下部‐下垂体系ホルモンが高まり，男子においては，精巣に働き，テストステロン（男性ホルモン）を，女子においては，卵巣に働き，エストロゲン（女性ホルモン）を生成させることで生じる．平均的にみて思春期は，女子では8歳から14歳に始まり，男子では女子より2年ほど遅れるとされるが，個人差が非常に大きい．以上のように，青年期は，量的には成人と同等の体格になり，質的にも生殖能力が備わっている．

　身体の発達は，環境から影響を受けるため，時代によって発達の速度や到達度が異なっている．図3は120年ほど前の1900（明治33）年から，2019（令和元）年までの17歳の平均身長の推移を示したものである．2019年現在の17歳の平

身長・体重曲線のグラフは，0歳から18歳までの各年齢の身長と体重の平均と標準偏差が曲線で示されている．

第一次性徴

胎児の段階で性別が分化することをいう．

図3 17歳の平均身長の推移

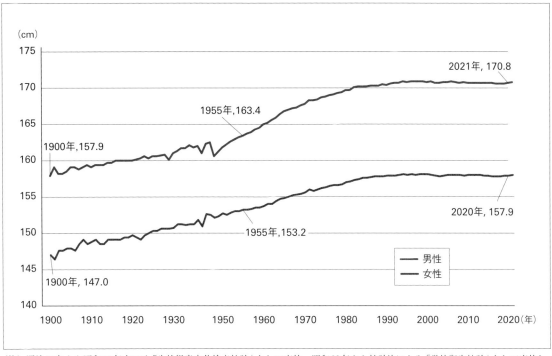

(注) 明治33年から昭和14年までは「生徒児童身体検査統計」として実施. 昭和23年から統計法による「学校衛生統計」として実施し,
昭和35年に「学校保健統計」に名称変更.

〔参考：文部科学省. 学校保健統計調査.〕

均身長は, 男子で170cm程度, 女子では158cm程度である. しかし, 1955(昭和30)年においては男子で163.4cm, 女子では153.2cmであり, 現在より男子で6, 7cm, 女子で5cm程度低い. 1900(明治33)年まで遡ると, 男子で157.9cm, 女子で147.0cmであり, 現在より10cm以上低い.

　また, 身体的な成熟の時期が時代とともに早くなっている. **図4**は, 19世紀から20世紀にかけての欧米における女子の初潮年齢の時代的傾向を示したものである. いずれの国においても, 19世紀においては初潮年齢が16歳くらいであったのが, 20世紀に入ると年々早くなっていき, 1960年頃には13歳程度まで早くなっている. 19世紀から20世紀にかけての100年くらいの間に, 身体的な成熟が3歳程度早まったということになる. 現在ではその年齢はさらに早まっており, 2000年以降には12歳程度になっている(日野林, 2011).

　このように, 身体的発達が前の世代よりも早く生じて, しかもより高い水準にまで発達することを**発達加速現象**という. 発達加速現象は, 近代化により栄養状態が改善したこと, 都市化により環境からの刺激が増加したことで生じたと考えられている. 現在では, 発達加速現象は止まっており, 平均身長は1980年代頃から, 初潮年齢も1990年代後半からほとんど変化していない.

日野林俊彦, 清水真由子ら. 発達加速現象に関する研究・その27―2011年2月における初潮年齢の動向. 日本心理学会第77回大会発表論文集. 2013.

♂発達加速現象

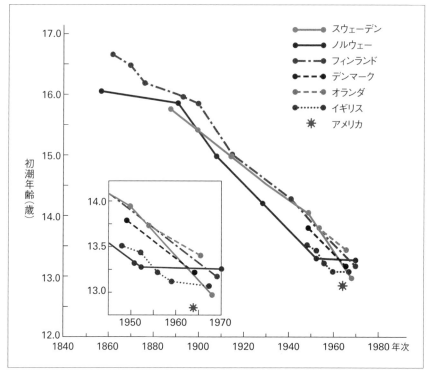

図4 欧米における初潮年齢の時代的変化

〔Tanner, J.M. Foetus into man：physical growth from conception to maturity.
Open Books Publishing Ltd, 1978.（ターナー，J.M. 訳：熊谷公明
『小児発育学―胎児から成熟まで』日本小児医事出版社．1983)〕

③ 青年期の課題としてのアイデンティティの確立

「自分は何者だろうか？」「自分はどうして生まれてきたのか？」「自分は将来
どのように生きていくのか？」．思春期・青年期になると，多くの人が自分の
存在や自分の生き方に関する迷いや悩みを経験する．「自分はこういう人間だ」
「自分はこのように生きていく」「自分はこういう集団に属している」といった
ような，「自分」についての意識内容は**アイデンティティ**と呼ばれる．

エリクソン（Erikson, E.H.）によれば，青年期においてはアイデンティティの
確立が発達課題となる．その背景には，心理的な発達と社会からの要請があ
る．青年期になると，自我が発達して自分自身に関心が向くとともに，認知能
力の発達により自分について論理的，客観的に考えることが可能になる．それ
とともに，周囲の人から「進路はどうするのか？」「将来はどうしたいのか？」
などと問われ，実際に進路や就職を決めなければならなくなる．その結果，自
分の生き方や将来について考えて，アイデンティティを確立することが課題と
なっていくのである．

青年期には，行事，部活やサークル，アルバイトやボランティアなどさまざ

エリクソンは，人の生涯に
8つの発達段階を設定して，
各段階に発達課題を想定し
ている（第2章参照）．発達
課題を適切に解決すること
で，社会とのバランスがよ
くなり，健康な発達と満足
のいく人生を送ることがで
きる．

まな活動のなかで，多くの人と関わり，さまざまな役割を試してみる役割実験を通して，自分自身を理解し，自分のアイデンティティを確立していく．このように青年期は，子どもから大人になっていくために与えられた猶予期間であるとして，**モラトリアム**と呼ばれることがある．

エリクソンによる発達課題は，人がライフサイクルのなかで，次のプロセスに進むか，後戻りするか，横道に外れてしまうかの分岐点である心理社会的危機として示されている．青年期においてアイデンティティの確立という課題が達成できないと，アイデンティティが拡散して，自分が何者であるか，生きる目標は何なのかがわからなくなり，不適応になったり，先々に課題を抱えることになってしまったりする．

④ 思春期・青年期の親子関係

思春期・青年期は，親子関係が大きく変化していく時期である．児童期までは心理的にも生活的にも親に依存しているが，青年期になると徐々に自立していくようになる．このように，青年期に親から心理的に独立しようとすることは，乳幼児期に母乳やミルクから幼児食に移行する離乳になぞらえて**心理的離乳**と呼ばれることがある．また親からの自立の過程において，それまで依存してきた親に対して，拒否的，反抗的態度を示すことがある．いわゆる**第二次反抗期**である．思春期・青年期に反抗期が現れる理由としては，身体の急激な成熟により情緒的に不安定になりやすいこと，権威への反抗や反発を通して自己を確立していこうとすることが挙げられる．親とは違う1人の個人としての自分を確立して，親から心理的に独立しようとするのである．また，反抗期には，青年が親とは異なる意見や価値観を表出することで，親は「もう子どもではない」というように認識を変え，親子関係が変化していくという意味もある．

思春期・青年期の反抗期は一般的なものと考えられていたが，近年は反抗期を経験しない青年も少なくない．2016年の調査では，男性の42.6%，女性の35.6%が「反抗期と思える時期はなかった」と回答している（明治安田総合研究所，2016）．中学生や高校生が親や親族と会話を楽しみ（内閣府，2020），親を尊敬している（国立青少年教育振興機構青少年教育研究センター，2015）といったように，現代の青年の親子関係は良好なケースも多い．

反抗期がないことは問題であるといわれることがあるが，必ずしもそうではない．現代の青年には反抗期を経験しないで自立していくというパターンも多くみられる．従来の反抗期は，権威への反抗や反発を通した自立という側面があった．しかし，現代の親は子どもにとって権威的な存在でなく，反発や反抗の対象ではなくなっている．むしろ，親は子どもの自立を積極的にサポートし，親との支援的な信頼関係のなかで，青年は自己を確立し，自立していく．そこでは，反抗や反発は顕在化せず，良好な親子関係を維持しているのである．

エリクソンの発達理論は，心理・社会的発達理論と呼ばれ，人の発達は社会や文化から影響を受けると考えられている．

心理社会的危機を経験しないで，つまり自分の生き方や将来について悩むことなく，自分の生きる道を見つけ，アイデンティティを確立している者もいる．このようなタイプは，「早期完了」と呼ばれる（Marcia, J.E., 1966）．

第一次反抗期
2歳頃に自我が芽生え，親や大人に従うことを拒み，激しく自己主張したり，反抗的な態度をとる時期で，「イヤイヤ期」などと呼ばれることもある．

明治安田総合研究所（2016）の調査では，反抗期の時期をたずねており，「反抗期と思える時期はなかった」の回答を除くと，反抗期は中学生時代が最も多く（男性37.6%，女性37.4%），次いで高校生時代（男性11.5%，女性17.3%）となっている．

明治安田総合研究所. 2016年　親子の関係についての意識と実態. 2016.

国立青少年教育振興機構青少年教育研究センター（2015）の調査では，「親（保護者）を尊敬している」の項に，82.9%が「とてもそう思う」または「そう思う」と回答している．

ただし，反抗期がないことが問題になることもある．たとえば，親子関係や家族関係が壊れることの不安から反抗や反発ができないといったケースが考えられる．一方で，反抗期があればよいというわけではなく，親子関係や家族関係の問題が反抗や反発という形で表出しているケースもある．これらのケースでは，その後の発達にネガティブな影響を及ぼすことがある．

⑤ 思春期・青年期の友人関係

友人関係のあり方は発達に伴って変化していく．児童期後半はギャングエイジ（第5章参照）と呼ばれ，遊びを中心としたさまざまな活動を一緒に行う集団が形成される．思春期に入ると，それまでの遊びの友人，一緒に活動する友人から，心が通じ合う関係，人格と人格のふれあう友人，互いに支え合う関係といったような「親友」と呼ばれる友人関係を形成するようになる．

青年期の友人関係には，社会化の促進や自己の発達，心理的な安定といった機能がある．青年期には，友人との対等な関係のなかでよろこびや楽しみの共有，葛藤・トラブル，傷つけ・傷つけられる経験などを通して人間関係の作り方を学んでいく．また，友人関係は**準拠集団**として発達的なモデルとなり，新しい価値観や考え方を学ぶことに繋がる．そして，友人との比較を通して，自分自身への理解を深めることができ，アイデンティティの確立においてモデルや基準になる．さらに，対等な立場の友人とは，思春期・青年期に生じるさまざまな悩みや不安を共有して，理解し合うことができ，心理的な安定をもたらすのである．

⑥ 青年期の延長と成人形成期

冒頭で述べたように，経済的な自立，家族形成など，成人になる年齢はますます上がっている．このような現象は青年期の延長といわれることがある．近

この時期に形成される集団は，数名の同性から構成されて，自分たちだけのルールや合い言葉などを作ったり，大人の目から逃れて，秘密基地を作ったりする傾向がある．

準拠集団

ある個人が自分と共通の価値観をもっていると感じ，自分自身の態度や価値，行動の基準となる社会集団のこと．

年では，アーネット（Arnett, J.J., 2000）が，新たに**成人形成期**という段階を提唱している．科学技術の発展，若者の意識の変化，女性のライフコースの変化など，社会が大きく変化していくなかで，青年期から成人期に移行していくのに長い時間を要するようになったために，青年期と成人期の間に成人形成期という新たな段階が生じたのである．

　このように，青年期の位置づけや求められることは，時代とともに変わってきている．思春期・青年期の発達の特徴を理解するとともに，現代の青年の置かれている状況を踏まえて，青年を捉えていくことが大切である．

Arnett, J.J.：Emerging adulthood: A theory of development from the late teens through the twenties. American psychologist. 2000：55(5)．469.

◉ 文献
- 日本財団. 18歳意識調査「第46回‐国や社会に対する意識（6カ国調査）」調査報告書. 2022.（https://www.nippon-foundation.or.jp/app/uploads/2022/03/new_pr_20220323_03.pdf）（最終閲覧：2023年9月6日）
- 法務省 成人式の時期や在り方等に関する分科会. 成年年齢引下げ後の成人式の実施に関するフォローアップ調査結果. 2022.
- ヘネップ, A.V. 翻訳：綾部恒雄，綾部裕子『通過儀礼』岩波書店. 2012.
- 文部科学省. 令和4年度学校基本調査. 2022.
- 国立社会保障・人口問題研究所. 第16回出生動向基本調査. 2022.
- NHK放送文化研究所.『現代日本人の意識構造［第九版］』NHK出版. 2020.
- 厚生労働省. 令和3年 人口動態統計. 2023.
- 日野林俊彦，清水真由子ら. 発達加速現象に関する研究・その27―2011年2月における初潮年齢の動向. 日本心理学会第77回大会発表論文集. 2013.
- Tanner, J.M. Foetus into man：physical growth from conception to maturity. Open Books Publishing Ltd, 1978.（ターナー，J.M. 訳：熊谷公明『小児発育学―胎児から成熟まで』日本小児医事出版社. 1983）
- Marcia, J.E.：Development and validation of ego identity status. Journal of Personality and Social Psychology. 1966：3. 551-8.
- 明治安田総合研究所. 2016年 親子の関係についての意識と実態. 2016.（https://www.myri.co.jp/research/report/2016_02.php）（最終閲覧：2023年9月6日）
- 国立青少年教育振興機構青少年教育研究センター. 高校生の生活と意識に関する調査報告書. 2015.（https://s-opac.net/Opac/vObS3KJwuzRW7N7YMUgmiMGEcf/N8nBgZbWY0fzTkd4s79Jpwr8Nzo/description.html）
- Arnett, J.J.：Emerging adulthood：A theory of development from the late teens through the twenties. American psychologist. 2000：55(5)．469.
- 内閣府. 子供・若者の意識に関する調査（令和元年度）. 2020.（https://www8.cao.go.jp/youth/kenkyu/ishiki/r01/pdf-index.html）（最終閲覧：2023年9月6日）

7 個性の理解

学習のポイント

1. パーソナリティの理論を理解しよう.
2. 知能とは何かを理解しよう.
3. 知能とパーソナリティの測定方法を理解しよう.

性格（character）

内面的な個人差を強調した
ものが性格であり，パーソ
ナリティはこの性格も含ま
れた，より包括的な概念と
考えられている.

気質（temperament）

生得的・先天的なニュアン
スが強い言葉であり，パー
ソナリティの基礎となる個
人の感受性や行動的特徴を
示す概念と考えられる.

Allport, G.W. Personality：A
psychological interpretation.
Henry Holt and Company.
1937.

🔑 類型論

① パーソナリティの理論

パーソナリティとは何か

人にはそれぞれ特有の個性が存在する. たとえば，あるクラスの授業風景を想像して欲しい. 教師の問いかけに対し，積極的に挙手して自分の意見を発言するAさん. 人前で自分を表現するのが苦手で，むしろ教師に質問を投げかけられないようにと願っているBさん. 授業に関心が無く，早く授業が終わらないかと思っているCさん. 同じ状況下であっても，そこで抱く感情，考え，態度などは人によって大きく異なり個性がでる.

人の個性を記述する一側面として，パーソナリティがある. オールポート（Allport, G.W., 1937）によればパーソナリティとは，「個人を特徴づけ，環境に対する適応を決定する，精神的・身体的システムであり，個人内に存在する動的組織である」と定義される. まずは，このパーソナリティについての考え方がどのように発展してきたのかを概観していく.

類型論

ある一定の理論に基づいて，いくつかの典型例を作り，それによってパーソナリティを理解しようという方法を類型論と呼ぶ.

クレッチマーの体型論

類型論の代表的な理論として，クレッチマー（Kretschmer, E.）による体型論が知られている. 彼は，体型と精神障害との関連性を見いだし，統合失調症患者では細長型，躁うつ病患者では肥満型，てんかん患者では闘士型の体型をした者が多いことを見いだした（図1）. そして，患者達の病前性格や近親者に関する研究から，健常者にも研究内容を適用できると考えた. すなわち，細長型の者は分裂気質，肥満型の者は躁うつ気質，闘士型の者は粘着気質をそれぞれ有していると考えたのである. 各気質の特徴を以下に示す.

①「細長型（分裂気質）」：神経質，臆病，非社交的，内気，温和，従順など.

図1 クレッチマーの想定した3体型

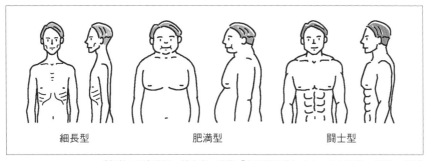

細長型　　　　　　　肥満型　　　　　　　闘士型

〔参考：山内弘継, 橋本宰, 監修『心理学概論』ナカニシヤ出版. 2006. p.248.〕

山内弘継, 橋本宰, 監修『心理学概論』ナカニシヤ出版. 2006.

②「肥満型(躁うつ気質)」：社交的, 親切, 活発, 感情の起伏が激しいなど.

③「闘士型(粘着気質)」：秩序を好む, 誠実, 爆発性, 几帳面など.

ユングの向性論

その他の類型論として, ユング(Jung, C.G.)による向性論がある. 彼は, 人を心的なエネルギーが外的環境へと向けられる外向型と, 心的エネルギーが自己の内面へと向けられる内向型との2つに種別した. 外向型の者は, 物事の判断や行動が外からの客観的な情報に左右されやすい特徴がある. 内向型の者は, 物事の判断や行動が内面の主観的な情報に左右されやすい特徴が考えられている.

特性論

神経質, 社交的, 自尊心といった性格特性がどの程度個人にあてはまるかという観点から, パーソナリティを理解しようと試みる方法は特性論と呼ばれる. **特性論では, 類型論のように「あるかないか」という質的な見方ではなく, 「どれくらいあるか」という量的な見方をするところに大きな特徴がある.**

特性論研究の始まり

特性論に関する研究は, オールポートが性格を表現する4,500語もの膨大な語彙を抽出し, 性格特性にはその個人特有に認められるもの(これを個人特性という)と, 程度の差はあれ誰にでも認められるもの(これを共通特性という)の2つが存在すると考えたことに始まる. また彼は, 基本的な共通特性を14項目に分け, グラフで視覚的にパーソナリティの傾向を理解できるサイコグラフ(心誌)を開発した. これは, 現在使用されている種々のパーソナリティ検査の原型と考えられている.

その後, キャッテル(Cattell, R.B.)はオールポートの研究を整理し, パーソナリティには表情や行動など外部から観察可能な特徴である表面特性と, その背後にあって, 観察ができない特徴である根源特性が存在すると考えた. そし

🔑 特性論

図2 アイゼンクによる4層構造モデル

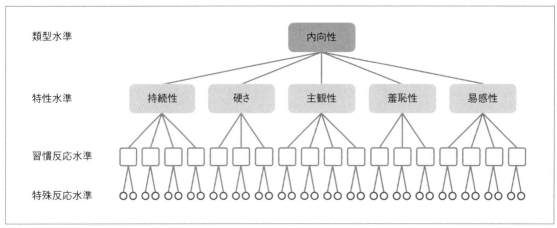

〔Eysenck, H.J. The structure of human personality. Methuen. 1953.／山内弘継，橋本宰，監修『心理学概論』
ナカニシヤ出版．2006. p.250.〕

16PF（16因子性格検査）
・・・・・・・・・・・・・・・・・・・・・・・・
16個の根源特性の高低から，
受検者のパーソナリティを
把握する．16の根源特性は
最終的に4つの因子にまと
められ，合計187項目によ
り構成されている．

Eysenck, H.J. The structure
of human personality.
Methuen. 1953.

**モーズレイ性格検査
（MPI）**
・・・・・・・・・・・・・・・・・・・・・・・・
神経症的傾向（N尺度）と向
性（E尺度）を各々24項目か
ら測定する．この他，虚偽
発見尺度（L尺度）なども入
り，合計80項目により構成
されている．

MPI：Maudsley Personality
Inventory

ビッグ・ファイブ
（5因子）モデル

て彼は最終的に，16個の根源特性から構成される16PF（16因子性格検査）を開発した．

アイゼンクの特性論モデル

アイゼンク（Eysenck, H.J.）は，それまでの特性論と類型論の知見を統合し，パーソナリティの特性を3つにまとめた．すなわち，向性（外向性−内向性），神経症的傾向（情緒安定−不安定），精神障害傾向（躁うつ−統合失調症）の3つの次元である．これらの次元を彼は類型と呼び，類型の下に特性，習慣反応，特殊反応という各水準を設け，パーソナリティを4層からとらえるモデルを提示した（図2）．特殊反応は日常的に認められる行動を示し，習慣反応は特殊反応の反復から習慣化した特徴を，特性は習慣反応に共通性を与える特徴を示している．そして，特性を因子分析することにより見いだされたのが，層の最上部にある類型である．この理論を基に作成された尺度として，モーズレイ性格検査（MPI）が知られている．

ビッグ・ファイブ（5因子）モデル

特性論を背景とした理論のうち，現在世界的に用いられているものがビッグ・ファイブ（5因子）モデルである．5つの性格特性によってパーソナリティが記述できるとする考えであり，さまざまな国・文化圏において共通した因子が見いだされている．次に挙げるのは，各性格特性と，その傾向が高い場合の例である．

① 外向性：社交的，話好き，刺激を求める

② 協調性：親切，寛大，温和

③ 誠実性：勤勉，計画的，忠実

図3 フロイトの心的装置

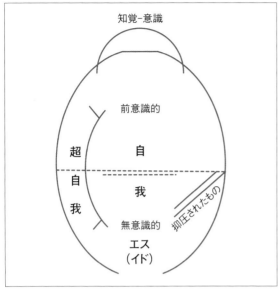

〔長尾博『ヴィジュアル精神分析ガイダンス』創元社. 2013. p.22.〕

④ 神経症傾向：不安になりやすい，心配性，弱気さ

⑤ 経験への開放性：知的好奇心，独創性，多才さ

　ビッグ・ファイブを測定する尺度として，日本版NEO-PI-Rや，主要5因子性格検査などが開発されている．

類型論と特性論の限界

　類型論の考え方は，人の特徴を簡潔にわかりやすくとらえられるという利点がある一方で，タイプ外の特徴は無視されてしまう，パーソナリティを固定的にとらえているなど，いくつかの欠点もある．それに対し特性論は，さまざまな特徴を量的にとらえるため，類型論よりも詳細かつ客観的にパーソナリティを記述できるという利点がある一方で，情報が多くなり，全体としてどんな人物なのかということが把握しづらいという欠点がある．こうした特徴から，類型論と特性論に優劣はなく，互いに情報を補完し合う関係であるといえるだろう．

精神分析学による理論

　フロイト（Freud, S.）によって創始された理論体系である**精神分析学**は，心理学にとどまらずさまざまな文化，思想に多大な影響を与えた．その基本となる考えは，人が普段感じている意識的な世界以外に，その意識下に広がる無意識的な世界の存在を仮定したことにある．その無意識的世界に存在する欲求や衝動から人は大きく影響を受けているとフロイトは考え，意識と無意識，その間に存在する前意識を想定した（**図3**）．

　また，フロイトはパーソナリティの構造として，イド，自我（エゴ），超自我

NEO-PI-R：Revised NEO Personality Inventory

> **日本版 NEO-PI-R**
> ･･････････････････
> ビッグ・ファイブ（5因子）モデルをさらに6つの下位次元に分け，詳細にパーソナリティの傾向をとらえることができる．合計240項目により構成されている．

> **主要5因子性格検査**
> ･･････････････････
> 合計70項目により構成されており，受検態度を測定するF（頻度）尺度やAtt（建前）尺度などが含まれている．

（スーパーエゴ）の3つの領域がそれぞれ相互的に影響すると考え，本能的なエネルギーであるリビドーの量も各領域で異なると考えた．

　快楽原則に従い，無意識の世界で人の原始的な欲求をつかさどる主体がイドである．そのようなイドをコントロールし，現実原則に則って機能する存在が意識と無意識にまたがる自我である．そして，イドや自我の働きを監視し，社会的で禁欲的な行動を生起させる存在が超自我である．

　これら3つの領域の機能が偏ることなく，外的現実に対してバランスよく調整されている状態が健康なパーソナリティと考えられている．一方で，外的現実に対する欲求が過剰にイドの領域に押しやられると，つまり**抑圧**されてしまうと，さまざまな不適応が生じ得る．

場の理論

　レヴィン（Lewin, K.）は，人間の行動における「場」の存在を重要視した．「場」とは，個人とその周囲の環境全体を指す概念である．人の行動が内的な要因だけでなく，環境からの外的な要因によって複合的に決定されるとレヴィンは考えた．こうした考えは場の理論として知られている．

　また，レヴィンの考えた「場」は，物理的環境というよりは，むしろ人が外的環境をどのように認知しているかという主観的な側面が強調されている．これを心理学的場という．つまり，人の行動は，客観的な事実としての世界ではなく，自身が認知した主観的な世界に対して生起されると考えるのである．

② パーソナリティの測定

　パーソナリティを測定する場合，用いた測定法がどのようなパーソナリティ理論に依拠しているのか，どのような限界があるのかなど，各々の特徴を理解しておく必要がある．測定法には，大別すると以下に挙げる質問紙法，作業検査法，投映法の3つがある．

質問紙法

　ある質問文を提示し，「はい／いいえ」や複数の選択肢から回答を求める方法を質問紙法と呼ぶ．

　質問紙法の種類として，パーソナリティを多次元的にとらえるものと，一次元的にとらえるものとに区別することができる．前者では，YG性格検査（矢田部・ギルフォード性格検査），ミネソタ多面的人格目録（MMPI）などが代表的な質問紙として挙げられる．後者では，うつ傾向や不安感などさまざまな特徴をとらえる質問紙があり，新版STAI（状態-特性不安検査），うつ性自己評価尺度（SDS）などが有名である．

　質問紙法には，短時間で多量のデータを回収できる，侵襲性が低く比較的ど

図4 内田クレペリン精神検査の一例

```
7 9 4 6 3 8 6 7 5 9 8 ……
  6 3 0 9 1
3 8 5 9 8 7 6 5 4 9 6 ……

8 7 4 9 8 4 7 3 8 5 9 ……

4 7 8 6 5 3 9 5 8 4 5 ……

8 3 5 9 4 8 7 5 3 8 4 ……
              ⋮
```

〔参考：鹿取廣人，杉本敏夫ら，編著『心理学 第3版』
東京大学出版会．2008. p.253.〕

鹿取廣人，杉本敏夫ら，編著『心理学 第3版』東京大学出版会，2008.

のような者にも実施しやすいといった長所がある．このような利便性のため，とらえたい傾向があるのかないのかを大まかに判断する，いわばスクリーニング検査としての役割が質問紙法にはある．

　その一方で，文章を読めない者(ディスレクシアや失語症患者など)には実施できないこと，本人が自覚していない特徴はとらえられないことなどは短所といえるだろう．そのため，その他の検査と**テストバッテリー**を組み，情報を補完し合う必要がある．

作業検査法

　ある作業に取り組んでもらい，その経過や結果から，性格的な特徴を測定しようとする方法を作業検査法と呼ぶ．

　内田クレペリン精神検査はその代表的な検査である．クレペリン(Krapelin, E)の連続加算作業に関する研究を，内田勇三郎が発展させ，開発した．この検査では，一定時間1桁の足し算を連続して実施する．1分間の作業量を線で結んだものは作業曲線と呼び，健常者が描く曲線との比較などを通して，作業の処理能力，偏り，意欲の程度などをとらえていく．**図4**に見本を示した．

　作業検査法の長所として，質問紙法よりも故意に回答が歪められる可能性が低いこと，集団に対して一斉に実施しやすいといった点が挙げられる．短所として，結果の解釈にある程度の習熟が必要であり，受検者への負担も大きいことが挙げられる．その他の作業検査法としては，ベンダー・ゲシュタルト・テスト(BGT)などがある．

投映法

　受検者に対し曖昧かつ多義的な刺激を提示し，その反応から受検者の性格特

🔗 ディスレクシア
→p.168

テストバッテリー

複数の検査を組み合わせて実施すること．質問紙法により，大まかに人物像や状態像を把握し，投映法などでより詳細な情報を得るといった組み合わせが考えられる．

ベンダー・ゲシュタルト・テスト（BGT）

9個の図形を受検者に模写させ，基準に従って分析することにより精神発達の程度や，脳障害の有無などを評価する．

図5 ロールシャッハ・テストの模擬例

〔参考：市川伸一，編著『心理測定法への招待―測定からみた
心理学入門』サイエンス社．1991. p.47.〕

図6 バウムテストの一例

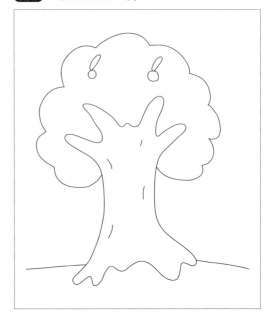

表1 SCT 精研式文章完成法テスト 成人用（抜粋）

私はよく人から _____
家の人は私を _____
私が知りたいことは _____
⋮

SCT : Sentence Completion
Test

徴を検討していく方法を投映法と呼ぶ．

　代表的な検査として，ロールシャッハ・テストが挙げられる．この検査では，受検者はインクの染みが描かれた10枚の図版を提示され，何に見えるかを問われる．検査者はその反応すべてを記号化（スコアリング）し，結果を解釈していく（**図5**）．その他にも，冒頭文のみが与えられ，その後の文章を考える文章完成法テスト（SCT）や（**表1**），白紙に「実のなる木」を描いてもらうバウムテストなどがある（**図6**）．

　投映法の長所として，本人が自覚していない内的な特徴・状態を把握することが可能であること，他の測定法よりも検査の意図が判断できないため，結果が受検者によって操作されにくいことなどがある．短所としては，結果の整理・解釈が難しく，検査者に高度な技能が求められること，集団への実施に適しておらず，受検者への負担も大きいといったことが挙げられる．

図7 スピアマンの2因子説

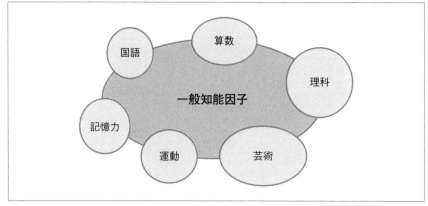

〔Spearman, C. "General Intelligence" objective determined and measured. American Journal of psychology. 1904：15. 201-93.／山内弘継，橋本宰，監修『心理学概論』ナカニシヤ出版．2006. p.262.〕

 ## 知能の理論

知能とは何か

　人の個性の重要な要素として，知能を挙げることができる．教育の場においてそれは，「勉強ができる，できない」ということの指標として理解される場合が多いだろう．ある生徒は，算数が非常に得意であるが，文字を読むのが遅く国語が苦手かもしれない．別の生徒は，文章理解に長け国語が得意であるが，引き算が苦手で算数の成績はいつも低空飛行かもしれない．ここで重要なことは，知能とは非常に複雑な概念であり，「勉強ができる，できない」というのは，あくまで知能の一側面を反映しているに過ぎないということである．

　アメリカ心理学会によれば，知能とは「学習する能力，学習によって獲得した知識や技能を新しい場面で利用する能力であり，獲得した知識によって選択的適応をすることである」と定義される．

　しかし，知能に関する絶対的な定義は存在せず，知能に対する考え方は，その時代の研究者によって大きく変化してきた．次から，代表的な知能研究について触れていく．

知能の2因子説

　知能はさまざまな認知機能を包括した概念であり，それらの認知機能を統計的手法によって知能因子としてグループ化する検討が行われてきた．

　スピアマン（Spearman, C.E.）は児童を対象とした研究において，さまざまな課題を解くのに共通した知能因子が存在することを見いだし，これを一般知能因子（g因子）と呼んだ．加えて，算数や国語など個別の課題を解くのに必要な知能因子を見いだし，これを特殊知能因子（s因子）と呼んだ（**図7**）．知能は大きく2つの因子に分けられるとする彼の考えは，スピアマンの2因子説として

図8 サーストンの多因子説

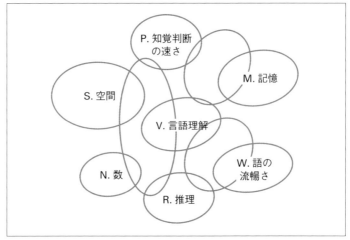

〔Thurstone, L.L. Primary mental abilities. Psychological Monograph, No.1. 1938.／
　　山内弘継, 橋本宰, 監修『心理学概論』ナカニシヤ出版. 2006. p.262〕

知られている.

多因子説

　サーストン(Thurstone, T.T.)は, 複数の独立した知能因子を見いだした. 数の処理に関する因子(N), 記憶に関する因子(M), 言葉の流暢さに関する因子(W)といった7つの知能因子である(図8).

　彼は, その他に3つの知能因子を抽出し, 8から10の独立した要素から知能は構成されるとし, 多因子説を唱えた.

知能構造モデル

　ギルフォード(Guilford, J.P.)は, 知能を情報処理機能であるととらえ, 操作, 内容, 所産という3つの軸から構成される3次元モデルを仮定した(図9). 操作は, 情報処理の方式を表し, 5つの因子から構成される. 内容は, 情報の種類を表し, 4つの因子から構成される. 所産は, 情報の概念化に関わるもので, 6つの因子から構成される. ここから彼は, 知能には5×4×6=120通りの因子が存在すると考え, 知能構造モデルを提出した.

CHC：Cattell-Horn-Caroll

CHC理論

　キャッテルは, 知能には新奇場面に柔軟に対応する際に発揮される**流動性知能**と, 過去から蓄積された知識などの経験を適用して発揮される**結晶性知能**の2つの構造があると考えた. 前者は文化や教育の影響を受けにくく, 後者はむしろその影響下で発達すると考えられている.

　その後, ホーン(Horn, L.J.)はキャッテルの理論を拡大し, 視覚的知能や認

図9 ギルフォードの3次元モデル

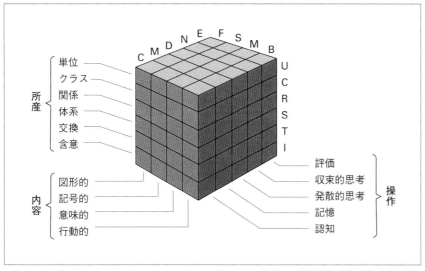

〔Guilford, J.P. The nature of human intelligence. McGraw-Hill. 1967.／鹿取廣人, 杉本敏夫ら, 編著
『心理学 第3版』東京大学出版会. 2008. p.244〕

知的処理速度といった合計10の知能因子を想定した. それら知能因子に関す
る研究を再分析したキャロル(Caroll, J.B.)は, 知能が3つの層より構成される
ことを見いだし, 1層目には70以上の特殊な知能因子が, 2層目にはキャッテ
ルやホーンの想定したものとほぼ同じ知能因子が, そして3層目には種々の因
子をまとめる一般知能因子の存在が見いだされた. これら一連の研究はCHC
理論として知られている.

④ 知能検査と知能指数

ビネー式知能検査

フランスの心理学者ビネー(Binet, A.)は, 精神科医シモン(Simon, T.)と協
力し, 異なる30個の課題から構成されるビネー式知能検査を1905年に開発し
た. 彼らは, 各年齢群の児童のうち50〜75%が正答できるよう課題の難易度
を調整し, 正答が得られればその年齢群の発達水準に達していると判断した.
このとき, 対象となる児童の実年齢を**生活年齢**とし, 課題成績から算出された
年齢を**精神年齢**とした. そして彼らは, 生活年齢と精神年齢との差から知能を
測定しようと試み, 生活年齢以上の年齢群の課題を達成できた場合(精神年齢
＞生活年齢)は, 優れた知能を有していると判定した.

1916年には, アメリカのターマン(Terman, L.M.)らによって検査の改訂が
進められ, スタンフォード・ビネー式検査が発表された. ここで初めて, 知能

IQ：Intelligence Quotient

指数(IQ)という概念が導入されたのである．ビネー式の知能検査には日本語版もあり，田中ビネー知能検査Vや，改訂版鈴木ビネー知能検査などが使用されている．

ウェクスラー式知能検査

ビネーらの考えた知能検査では対象として児童が想定されていたが，ウェクスラー(Wechsler, D.)は成人における知能の測定を目的とした検査の開発を試みた．それが1939年に発表されたウェクスラー・ベルビュー尺度であり，これを原型に，その後ウェクスラー式の知能検査が発展していった．現在でもウェクスラー式知能検査は改訂され続け，WAISが世界中で使用されている．最新版であるWAIS-IVの適用範囲は16歳0か月から90歳11か月であり，10の基本検査から全検査IQ(FSIQ)，言語理解(VCI)，知覚推理(PRI)，ワーキングメモリー(WMI)，処理速度(PSI)の各指標が算出される．結果はプロフィールとして確認でき，平均(IQ = 100)との比較が可能である．また，ウェクスラー式知能検査には，成人用以外にも，児童用の最新版であるWISC-V，幼児用の最新版であるWPPSI-IIIなどがある．

WAIS：Wechsler Adult Intelligence Scale

FSIQ：Full-Scale Intelligence Quotient

VCI：Verbal Comprehension Index

PRI：Perceptual Reasoning Index

WMI：Working Memory Index

PSI：Processing Speed Index

WISC：Wechsler Intelligence Scale for Children

WPPSI：Wechsler Preschool and Primary Scale of Intelligence

集団式知能検査

ビネー式，ウェクスラー式，いずれも個人の知能を測定するための検査であり，これを個別検査法という．一方で，多人数を対象とした集団式検査法による知能検査も存在する．1917年にヤーキス(Yerkes, R.M.)らによって，兵士選抜のために考案された陸軍式知能検査がその始まりであり，言葉による言語式検査(α式)と，図など言葉によらない非言語式検査(β式)から構成される．現在では，キャッテルCFIT，京大NX検査などの集団式知能検査が知られている．

キャッテルCFIT：Cattell Culture Fair Intelligence Test

🔑 知能指数

知能指数

知能指数(IQ)は，精神年齢を生活年齢で割り，その値に100を掛けることで求めることができる．以下にその式を示す．

$$知能指数(IQ) = \frac{精神年齢}{生活年齢} \times 100$$

また，年齢集団内における個人の得点を相対的に表現する指数として，偏差知能指数(DIQ)と知能偏差値(ISS)がある．偏差知能指数(DIQ)は，ウェクスラー式知能検査などで採用されている指標であり，年齢集団の成績の平均が100，標準偏差が15となるように換算されている．以下の式により求めることができる．

DIQ：Deviant Intelligence Quotient

ISS：Intelligence Standard Score

$$偏差知能指数(DIQ) = \frac{個人の得点 - 年齢集団の平均点}{年齢集団の標準偏差} \times 15 + 100$$

知能偏差値(ISS)は，年齢集団の成績の平均が50，標準偏差が10となるように換算されたもので，以下の式により求められる．

$$知能偏差値(ISS) = \frac{個人の得点 - 年齢集団の平均点}{年齢集団の標準偏差} \times 10 + 50$$

事例

テストバッテリーの事例：中学1年のA君

- -

　夏休みが明けた頃から「お腹が痛い」と訴え，しばしば学校を休むようになった．母親が詳しく話を聞くと，「勉強についていけずつらい」，「教室にいると落ち着かず，グループワークが怖い」といった思いが語られた．対応に困った母親はA君を病院に連れて行き，検査を受けることになった．「勉強についていけずつらい」という訴えに対して，得意不得意のバランスや知的な問題をみるためにWISC-Vが実施された．「教室にいると落ち着かず，グループワークが怖い」という訴えに対して，発達特性の影響をみるためにConners3とPARS-TRが，性格的な影響をみるためにロールシャッハテストが実施された．

　その結果，知的には平均域であったものの情報の処理スピードが遅いこと，多動性が高く周りの刺激が増えるとより顕著となること，元来の性格的に不安を感じやすく，自己表現が求められる場では不安が高まりやすくなることがわかった．その後，投薬治療と並行してカウンセリングが行われ，徐々に不安を感じることなく自己表現できるようになっていった．また，担任により補習や宿題など個別の対応も検討され，登校日数も増えていった．

Conners3：6〜18歳の児童を対象に，ADHD(注意欠如・多動症)の傾向，およびそれに関連する問題を包括的に評価する．本人用，保護者用，教師用とあり，過去1か月間の行動を質問紙形式で振り返ってもらう．

PARS-TR：自閉スペクトラム症の特徴について，母親などの主養育者から直接情報を聞き取る形式で実施する．合計57個の質問項目により構成される．

● 文献
- Allport, G.W. Personality：A psychological interpretation. Henry Holt and Company. 1937.
- 山内弘継，橋本宰，監修『心理学概論』ナカニシヤ出版．2006.
- Eysenck, H.J. The structure of human personality. Methuen. 1953.
- 鹿取廣人，杉本敏夫ら，編著『心理学 第3版』東京大学出版会．2008.
- 市川伸一，編著『心理測定法への招待―測定からみた心理学入門』サイエンス社．1991.
- Spearman, C. "General Intelligence" objective determined and measured. American Journal of psychology. 1904：15. 201-93.
- Thurstone, L.L. Primary mental abilities. Psychological Monograph, No.1. 1938.
- Guilford, J.P. The nature of human intelligence. McGraw-Hill. 1967.
- 松原達哉，楡木満生，編『臨床心理アセスメント演習』培風館．2003.

8 学習の理論

学習のポイント

1. 行動の獲得・変容のメカニズムを理解しよう.
2. 児童生徒の行動について, 学習理論から分析できるようになろう.

1 学習心理学とは

学習の理論を学ぶ意義

　教育基本法には, 幅広い知識や教養, 健やかな身体の獲得, 個人の能力の伸長などの教育の目標が記されている. 学校教育はこれらの達成を目指して行われる. そのためには, 教科指導のみならず, 児童生徒が状況に応じて行動を選択, 実行したり, 結果を踏まえてよりよい行動を維持したり修正する必要がある. また, 学業やクラス活動, 自己実現や協調性の獲得を促したり, いじめや非行, 不登校といった問題を未然に予防したり, 早期改善するために, 教師として心理学を活用することもできる. 本章では学習理論を取り上げ, 教育現場における心理学の応用について論じる.

心理学における行動

　心理学は, 人や動物の行動に関する科学である. 心の存在は誰もが認めるものの, 実体がなく心の重さや大きさを秤や定規で計測することはできない. 一方, **行動**とは, 生き物の反応や変化であり, 直接観察して実行回数や行動の継続時間などを計測可能である. また, 行動には何らかの心の働きが関与するものである. たとえば, 自動販売機の前に立っている人がいるとしよう. その人が何を考えているかは直接見ることはできない. しかしながら, 目に見える行動から喉の渇きや飲み物購入の意図を読み取れるだろう.

行動と学習

　他者の発言に傷つく人もいれば, 反発する人もいる. 授業のプレゼンテーションで緊張する人もいれば緊張しない人もいる. 同じような状況でも, 人によって行動が異なるのはなぜだろうか.

　人や動物は, 生後の経験によってさまざまな行動を獲得している. そのメカニズムが学習である. **学習**とは, 経験による比較的永続的な行動の変容と定義されている. 強く反発することで, 他者からのイライラ発言が少なくなった経験をしていたとしたら, その後も反発する行動を増やして, 他者の発言を抑制

学習と聞くと勉強を思い浮かべるかもしれない. 定義に照らし合わせれば, 勉強も学習の一つであると考えられる.

するようになるかもしれない．人前での失敗経験があると，次も失敗するかもしれない，うまくやらなければと考えて，同じような場面で緊張するようになることもあるかもしれない．

このように，行動を獲得したり，変容していく過程を研究する分野が**学習心理学**である．行動獲得・変容のメカニズムが明らかになれば問題行動など種々の行動（たとえば非行・暴力行為など）の理解に役立てられるだろう．

行動の種類

人や動物の行動には，大きく分けて遺伝的に備わっている**生得的行動**（走性，反射，本能行動など）と，生後の経験によって獲得される**習得的行動**が挙げられる．

たとえば，寒くなれば体温を上げようと体が自動的に反応するのは生得的行動である．一方で，コートを羽織ったり，暖房機器を点けたりするなどの対処行動も行われる．これらは生後の経験で獲得された習得的行動であり，状況や環境の変化に柔軟に対応するために身についた行動と考えることができる．

上記のように，習得的行動の多くは自分の意志で選択・実行できるものである．ただし，自分の意志とは無関係に生じる習得的行動もある．たとえば，「テスト」と聞くだけで嫌な気分になった経験はないだろうか．「テスト」自体は遺伝的に不快感を引き起こすわけではない．ところが過去に「テスト」を受けた経験があり，さらに成績が悪くて親に怒られたり，自己肯定感が低下したり，テスト勉強への苦労などの経験をすると，「テスト」と聞くだけで不快感が生じるようになることはあり得るだろう．生得的行動の多くは，その行動を生じさせるきっかけ（誘発刺激）が決まっていることが多いが，生後の経験によって行動を生じさせるきっかけが増えたり変化したりすることもある．

> **▶ 考えてみよう**
>
> 人の生得的行動を複数挙げてみよう．

> **▶ 考えてみよう**
>
> 学校生活にみられる習得的行動の具体例を考えてみよう．

② 行動の獲得と変容メカニズム

レスポンデント条件づけ

パブロフの条件反射

レスポンデント条件づけとは，生後の経験によって，新たな刺激により生得的行動が生起するようになる学習メカニズムである．犬の唾液分泌に関する研究を行っていたパブロフ（Pavlov, I.P.）は，餌を口に入れることによって誘発される唾液反射が，餌を口にしなくても生じることを発見した．まず，餌を口に入れると，餌は誘発刺激として機能し，唾液が分泌される（反射，**図1-①**）．一方，音は唾液分泌を誘発する刺激ではなく，犬は唾液分泌しない（**図1-②**）．次に，餌とともに音を鳴らす（**対呈示**，**図1-③**）と，餌による唾液分泌が生じる．この対呈示を繰り返す（レスポンデント条件づけ）と，今度は音を聞かせる

> **⚲ レスポンデント条件づけ**

> **レスポンデント**
>
> respondent．刺激に対する反応を意味する造語．レスポンデント条件づけは，古典的条件づけ，パブロフ型条件づけということもある．

図1 パブロフの条件づけ

① 無条件反応　無条件刺激

② 中性刺激

③ 無条件反応　対呈示

④ 条件反応　条件刺激

だけで唾液が分泌される**条件反射**が生じるようになる（図1-④）.

　人も犬も遺伝子的には音によって唾液分泌しない. しかしながらこのようなレスポンデント条件づけの手続きにより, 音に対しても唾液分泌するようになる.

　人のレスポンデント条件づけの例としては, 酸っぱい食べ物に対する条件反射が挙げられる. たとえば「レモン」と聞くと, 唾液が分泌される条件反射はよく知られている. では, 「シトロン」と聞いた場合にはどうだろうか. レモンの場合に比べて唾液分泌する人は少ないと思われる. なお, シトロンはフランス語で「レモン」を意味する. こうした語学学習を繰り返したならば, シトロンに対しても唾液分泌するようになるだろう. このように, 我々はさまざまな経験を通じて, 新たな刺激と反応の結びつきを獲得しているのである. ほかにも, 食あたりした食べ物を見ると気持ち悪くなる（味覚嫌悪学習）, 好きなタレントが広告している商品に対して好感を抱く（**評価条件づけ**）など, 知らず知らずのうちに条件づけによって獲得された行動が散見される.

　レスポンデント条件づけのメカニズムを理解すれば, 特定の刺激によって生得的行動を誘発させることができるし, 本来生じるはずのない刺激に対して生得的行動が生じる原因・理由を推測することも可能である. また, 条件刺激によって生じる行動ならば, 条件刺激と生得的行動の関係性を再学習させれば行動頻度を変化させることも可能である. 具体的には, 条件づけに用いられた中

▶ **考えてみよう**

不登校の児童生徒へ登校刺激は慎重に行う必要があるとの指摘がある. その理由をレスポンデント条件づけに当てはめて考えてみよう.

図2 ワトソンらの恐怖条件づけ

① 初めて見るネズミに頭や目を向ける（定位反応）

② 大きな音を鳴らすと恐怖反応が生じる

③ ネズミと大きな音を対呈示する

④ ネズミに対して恐怖反応を示すようになる

性刺激（条件刺激）のみを呈示し続ける方法である（**消去手続き**）．何度も「レモン」を聞き続け，実際にレモンは口にしないと，次第に唾液分泌が弱まっていく（**消去**）．ところが，手続きを休止し，再度条件刺激を呈示すると反応は回復する（**自発的回復**）．

ワトソンの恐怖条件づけ

大事な大会や試験で，多くの人は不安や緊張を抱くものである．不安や緊張とともに身体は生命維持のため，心拍数の増加や発汗といった種々の生得的行動を生じさせる．過度な緊張状態では，十分なパフォーマンスが発揮できないことが多い．どのように対処したらよいだろうか．

ワトソン（Watson, J.B.）とレイナー（Rayner, R.）は，生後9か月の乳児に，白ネズミと大きな音を対呈示する条件づけを行った．まず，白ネズミのみならば恐怖反応はみられなかった．次に，大きな音に対し恐怖反応を示した．最後に白ネズミと大きな音を対呈示したのち，白ネズミのみ呈示したところ，大きな音を呈示していないのにもかかわらず恐怖反応を示すようになった（**図2**）．ワトソンらが乳児に行った手続きを**恐怖条件づけ**といい，それによって生じた反応を**条件性情動反応**という．

この研究の意義は，恐怖反応が生後，何らかの条件づけにより獲得される可能性を示した点にある．すなわち，条件づけのメカニズムを応用することで，

限局性恐怖症

アメリカ精神医学会の診断マニュアル（DSM-5）では不安障害に分類される．高所恐怖症や先端恐怖症など，恐怖を抱く対象は多岐にわたる．

Watson, J.B., Rayner, R. Conditioned emotional reactions. Journal of Experimental Psychology. 1920：3, 1–14.

恐怖反応の改善・軽減や緊張や不安の対処も可能であることを示唆している.

♪ オペラント条件づけ

Thorndike, E.L. Animal
intelligence : Experimental
studies. Macmillan. 1911.

オペラント条件づけ

ソーンダイクの問題箱

ソーンダイク(Thorndike, E.L.)は,レバーを押すと箱から脱出できる問題箱に猫を入れると,最初はさまざまな行動を行って脱出のための試行錯誤が行われ,レバー押しで脱出できると,その後は試行錯誤なしに脱出するようになることを明らかにした(**試行錯誤学習**).この研究結果から,ある刺激に対してある反応をした場合,よい効果が得られればその反応を継続するという**効果の法則**を明らかにした.この考え方は,スキナー(Skinner, B.F.)らに引き継がれ,学習心理学に大きな影響を与えた.

教育場面に効果の法則を当てはめると,教師が児童生徒に相談された際,自分の過去の経験を語ったり,具体的な対処方法をアドバイスしたり,話を聞いて共感するなど,さまざまな経験をするだろう.こうした経験を繰り返し,教師は状況にあった,よりよい対処方法を選択するようになると考えられる.

スキナーのオペラント条件づけ

オペラント

operant. 操作(operation)からの造語.オペラント条件づけは道具的条件づけということもある.

スキナーの実験

スキナーは,レバーを押すと餌が出る箱にラットを入れた.ラットは最初,箱の中を動き回っていたが,偶然レバーに触れて,餌を得ることができることを学習すると,その後は頻繁にレバーを押すようになった.

スキナーは,ソーンダイクの効果の法則を発展させ,自発的行動(オペラント行動)の生起頻度を変化させる**オペラント条件づけ**のメカニズムを発見した.たとえば,喉が渇いているが,手元に飲み物がないとする.近くに自動販売機があることがわかれば,お金を入れる行動が生じるだろう.その結果として,飲み物を手に入れ,喉を潤すことができる.つまり,お金を入れる行動を行えば,飲み物が得られるという環境変化が生じることを学習しているのである.

レスポンデント条件づけにおける刺激は,行動を誘発する機能を有しているが,オペラント条件づけでは行動を選択するための弁別刺激として機能する.お金を入れる行動は,自動販売機に対して生じるが,ごみ箱には生じない.つまり,刺激を区別して行動が選択・実行されている.

オペラント条件づけの具体例

教育場面にみられるオペラント行動としては,自学自習や宿題の提出,授業中の発言,ごみ拾いや委員会活動,グループワークなどであろうか.また,いじめや非行,不登校などの反社会的行動・非社会的行動なども挙げられる.では,教育場面でオペラント条件づけをどのように活用したらよいだろうか.

オペラント条件づけの基本的な考え方として,行動の結果,よいこと(好ましい環境変化)があればその行動の頻度は増加するということである.たとえば,勉強する行動を増加させたいとしよう.この原理に基づけば,勉強したらお菓子がもらえる,ほめられるなど,よりよい結果が付随すれば行動が増加す

ると考えらえる．環境変化によって行動が増加することを**強化**といい，行動を増加させる環境変化(刺激)を**強化子**という．強化子は大きく分けると生得的に強化子として機能する一次強化子(お菓子や食べ物など)と，生後の学習によって強化子の機能をもつようになった二次強化子(お金や賞賛など)がある．

また，好ましい環境とは，必ずしも強化子が「出現する」ことだけではない．たとえば，薬を飲むと頭痛がなくなる，勉強すると不安が軽減するなど，不快な状況がなくなることも本人にとっては好ましい環境変化となりえる．

基本的なもう一つの考え方は，行動の結果，よくないこと(嫌悪的な環境変化)があれば行動頻度は低下するということである．たとえば，帰宅すると身体的暴力を振るわれたり，言語的暴力など不快な刺激を与えられるならば，本人にとっては嫌悪的な環境であり，帰宅する行動の頻度は減少するだろう．また，家に帰るとお小遣いを取り上げられるなど，好ましい刺激が消失することも本人にとっては嫌悪的な環境変化となりえる．

行動後の環境変化によって行動頻度が増減するならば，環境変化を操作することで行動を増減させることも可能である．教育場面においては，向社会的行動を増加させ，反社会的・非社会的行動を減少させるための取り組みにオペラント条件づけを応用することができる場合もある．

行動後の環境変化と，その後の行動頻度の増減を組み合わせると，オペラント行動の学習は下記の4つのパターンに大別される．

♪ 強化

> ▶ 考えてみよう

教育場面における一次強化子と二次強化子には，どのようなものが挙げられるか考えてみよう．

話し合ってみよう

学級経営における心理学の応用

- -

　1年X組の児童は，授業中歩き回ったり，物を乱暴に扱ったりする．私語も多く，教科書もよく忘れるので，担任はそれらの対応に追われていた．

　そこで担任は，学習心理学の知見に基づいた介入を行うこととした．まず，普段の授業で児童生徒がどれくらい問題行動を行っているかを観察によりカウントした(ベースライン期)．その後，教科書を忘れた人がいたら見せてあげるなどの好ましい行動は強化し，授業中に私語を続けるなどの好ましくない行動は弱化するようにした．これらの介入を半年継続した(介入期)結果，ベースライン期に比べて介入期の問題行動は半分以下に低下した．また，介入を終えた後，介入の効果を検討するため複数回行動観察を行ったが，問題行動の頻度は介入期の水準を維持していた．

本例は本田・佐々木(2008)をもとに作成した．

事例に挙げられた問題行動を取り上げ，具体的にどのような介入を行ったらよいか．「オペラント条件づけの具体例」を参考にグループで話し合ってみよう．

- **正の強化**：行動後，何らかの刺激が増加・出現し，その結果として行動頻度が増加する(例：質問したらほめられたので，よく質問するようになった).
- **負の強化**：行動後，何らかの刺激が減少・消失し，その結果として行動頻度が増加する(例：教師に相談したら悩みが解消されたので，その後も相談するようになった).
- **正の弱化**：行動後，何らかの刺激が増加・出現し，その結果として行動頻度が減少する(例：廊下を走っていたら怒られたので，走らなくなった).
- **負の弱化**：行動後，何らかの刺激が減少・消失し，その結果として行動頻度が減少する(例：いたずらをしたらお小遣いを減らされたので，その後はいたずらをしなくなった).

③ さまざまな学習のかたち

社会的随伴性

　自身の行動が他者の行動を引き起こしたり，他者の行動によって自身の行動が引き起こされたりすることを**社会的随伴性**という．たとえば，教師が忘れ物を取りに教室から出ると，途端に生徒が騒がしくなるケースが挙げられる.

　また，問題行動の改善のため教師が児童生徒を注意したとする．正の弱化によって問題行動が減少する可能性もあるが，問題行動の心理的な背景を理解しようとせずに頭ごなしに注意すると反発を招いて，さらに問題行動が増加することもあり得る．問題行動を何度も起こせば，教師もますます厳しく注意するようになり，注意すればするほど問題行動が増える悪循環に陥ることもある.

　このように，私たちは他者に影響を受け，他者に影響を与えながら生活している．児童生徒の行動もまた，親や兄弟，家族，教師，他の児童などの影響を受けているため，慎重に行動の背景を吟味していく必要があるだろう.

観察学習(モデリング)

　オペラント条件づけは，基本的には行動の主体に対する直接的な強化を仮定しているが，他者の条件づけを観察することでも強化されること(**代理強化**)もある．たとえば，児童Aがいたずらをして教師に叱責されたところを児童Bが観察しているとする．Aの行動は，正の弱化により減少すると考えられる．一方，Bはいたずらをしていないし，叱責されてもいないにもかかわらず，いたずらの頻度が低下する．このように，他者の行動やその結果を観察することで，自身の行動頻度が増減することを観察学習(モデリング)という.

　睨まれたことに腹立ち，相手を殴ってしまう児童生徒がいたとしよう．暴力行為を行うことで，イラつきが解消されたり，睨まれることが減るならば，暴力行為が継続されることになる．睨まれた際に暴力行為以外の対処行動があるはずであるが，本人が選択しうる行動の種類(**行動レパートリー**)が少ない児童

図3 学習の認知理論

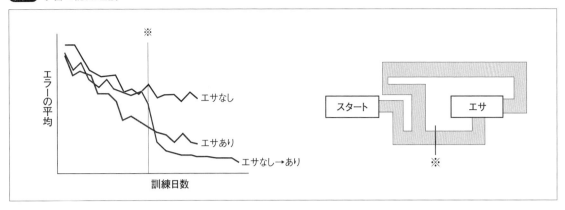

生徒もいるだろう．他者と目が合ったときに，どのような行動をとりうるか**教師がモデルとなって示し，それを観察学習させることで行動レパートリーを増やし，問題行動を低減させることも可能である．**

学習理論の変遷

　レスポンデント条件づけやオペラント条件づけなどの初期の学習理論は，直接観察可能な刺激（Stimulus）と反応（行動）（Responce）に焦点を当て，学習をとらえてきた（**S-R理論，連合説**）．一方，私たちの行動はこれらの理論のみで説明しきれないことも多い．目の前に美味しそうなケーキがあるとしよう．S-R理論に当てはめれば，学習によりケーキ（刺激）と食行動は学習により結びついていると考えられるが，ケーキを目にして誰もが口に運ぶわけではない．満腹だったら，ダイエット中だったら，叱られている最中だったらどうだろうか．刺激が同じでも人それぞれで行動が異なることはあり得る．そこで，行動する者の動機や認識，文脈なども（Oganization）考慮した理論が考えられるようになった（**S-O-R理論，認知理論**など）．

　たとえば，トールマン（Tolman, E.C.）は，空腹のラットを迷路に入れて，ゴールに至るまでの行動を記録した（**図3**）．なお，ラットはゴールすると最初から餌がもらえる群，最後まで餌がもらえない群，途中からもらえる群の3つに分けられた．ゴールに餌がなければ，刺激（ゴール）と反応（ゴールへ向かう行動）の連合が生じにくく，誤ったルートを選択する行動（エラー）はあまり減少しないだろう．実際，途中から餌が与えられるグループは，餌がもらえる前までエラーがほとんど減少しなかった．ところが，餌を与えるようにすると（**図3左の※の時期**），最初から餌が与えられた群よりもずっと速くエラー数が減少した．このことは，必ずしもゴールに向かう行動が強化されていなくても，潜在的に学習が進んでいたことを示している（**潜在学習**）．また，図3右のような迷路を学習したとする．その後，※の箇所を通行止めにしたとしても，ラットは迂回して餌にたどり着けることが示され，スタートからゴールまでの内的

Tolman, E.C., Honzik, C.H. Introduction and removal of reward, and maze performance in rats. University of California publications in psychology. 1930.

図4 技能の学習曲線

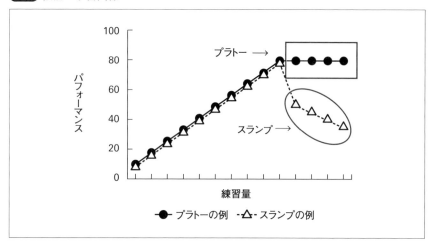

な地図（**認知地図**）が構築されていたものと考えられる．

　これらの実験結果から，トールマンは，学習を目的と手段の結びつきとしてとらえた（**サイン・ゲシュタルト説**）．ラットは空腹のため，餌を得る必要がある．これを目的として迷路内を動き回る行動（手段）がとられる．一方，この一連の流れに強化は存在しない，少なからず迷路の道筋は潜在的に学習していたのだろう．手段と目的が合致したとたん（つまり途中から餌を与えられた群）急速にパフォーマンスが上昇したと考えられる．

　この説を使って10kg痩せようとしている人の行動を考えてみよう．長期的に健康維持を目的にしている人なら，毎日10kmを50分で走るようなハードトレーニングよりも，間食を控える，軽い有酸素運動を継続的に行うなど，目的に合った行動（手段）を選択するのではないだろうか．一方，体重制限のある大会に近々出場予定なら，ハードトレーニングを選択する可能性もある．このようにダイエット一つとっても，個々人で目的・手段が異なるのである．

　さらに，動機も行動に影響を及ぼす．新しい運動を始めようとした場合，さまざまな体の動きを学なければならない（**技能学習**）．最初は練習を重ねると，スピードや正確さなどが向上していくだろう．ところが，一生懸命やれば常に一定の成果・成長が得られるとは限らない．成長が一時的に停滞したり（**プラトー**），かえってパフォーマンスが低下したりすることもある（**スランプ**）．その結果，動機や行動の頻度が低下してしまうこともある（図4）．

　次に，未知の状況におかれた人の行動を考えてみよう．その状況に似た過去の経験を思い出し対処するかもしれない（般化や転移）．他者の経験談を参考に対処するかもしれない（観察学習やルール支配行動）．一方，自他の経験，言語的情報が得られなくとも，行動できないわけでない．

　ケーラー（Köhler, W.）によると，手の届かないところにバナナを置いた場合，チンパンジーは試行錯誤なしに，箱を積み上げ，バナナを得ることに成功

Köhler, W. Intelligenzprüfungenan Menschenaffen. Springer. 1921.

考えてみよう

児童生徒の予習復習や部活動，いじめや不登校などの問題行動をサイン・ゲシュタルト説に基づいて，分析してみよう．

般化

条件刺激と似たものに対しても反応が生じるようになること．
たとえば，ワトソンの実験（p.83）では乳児は条件づけ後，ウサギや白いお面など，条件づけされていないものにも恐怖反応を示した．

できることを示している．このように，未経験の問題に直面した場合でも，さまざまな情報を統合して見通しを立て(**洞察**)，試行錯誤なしに問題解決のための行動がとられることもある．

　教育場面において，児童生徒，教職員，保護者の行動，過去の経験(学習)，目的・手段，認知要因はさまざまである．また，過去の経験や認知要因を観察したり，情報収集することが困難な場合もある．しかしながら，ここまで学んできた学習理論を応用すれば，児童生徒の理解のみならず，行動獲得の経緯や心理的背景の把握，悩みや問題の解決などに役立てられるだろう．

◉ **文献**
- Watson, J.B., Rayner, R. Conditioned emotional reactions. Journal of Experimental Psychology. 1920：3, 1-14.
- Thorndike, E.L. Animal intelligence：Experimental studies. Macmillan. 1911.
- 本田ゆか，佐々木和義．担任教師から児童への個別的行動介入の効果—小学校1年生の授業場面における問題エピソードの分析．教育心理学研究．2008：56. 278-91.
- Tolman, E.C., Honzik, C.H. Introduction and removal of reward, and maze performance in rats. University of California publications in psychology. 1930.
- Köhler, W. Intelligenzprüfungenan Menschenaffen. Springer. 1921.

9 記憶と知識

学習のポイント

1. 記憶のしくみを理解しよう.
2. 知識はどのように整理され活用されているのかを学ぼう.
3. 覚えやすさや思い出しやすさを促進する記憶方略を知り,日常の生活に当てはめて考えてみよう.

>> 記憶

　記憶というと,試験勉強や暗記などを思い浮かべる人が多いかもしれない.しかし,これらに限らず,記憶は私たちの日々の生活に欠かすことのできない重要な働きをしている.人の顔や名前を覚えたり,買い物や家事をこなし,スポーツを楽しみ,学校や会社へ迷うことなく通うことができるのは,記憶が機能しているからである.私たちは,どのように物事を覚え,それらを使用しているのだろうか.記憶のしくみを理解するにあたって,まずは記憶の基本的な働きや記憶の分類について解説する.

① 記憶の基本的な働き

記憶の段階

　記憶の基本的な働きは,符号化,貯蔵,検索の3段階(図1)と,忘却を加えた過程である.符号化は覚えることであり,私たちの記憶に取り込める形に情報を変換することからその名がつき,記銘とも呼ばれる.**貯蔵**は保持とも呼ばれ,必要なときまで忘れずに覚えておくことを意味している.**検索**は思い出すことを指し,想起とも呼ばれる.検索には,その方法によって再生と再認がある.再生とは,何もない状態から検索することであり,再認とは提示されたものを手がかりとして検索することである.たとえば目撃証言において,見た顔の特徴を口頭で伝えたり絵に描いて示したりすることが再生にあたる.これに対して,いくつかある顔写真のなかから,見た顔を探し当てることが再認である.そして,検索できなくなることが,忘却である.

目撃証言

事件や事故などの目撃者が,その出来事について法廷で説明することを目撃証言という.目撃時に符号化が行われ,証言までの間は貯蔵し,供述する際に検索することになる.

図1 記憶の段階

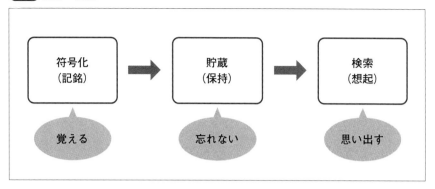

忘却

　符号化した情報を思い出せなくなることは，多くの人が日々経験している．忘却のメカニズムとしては，時間が経過するにしたがって記憶が失われると考える減衰説や，新しく情報が入ってくるなど，他の記憶の影響によって干渉が生じ，記憶が失われると考える干渉説，記憶が失われるのではなく記憶にアクセスできなくなると考える検索失敗説など，さまざまな説がある．

　ドイツの心理学者エビングハウス(Ebbinghaus, H.)は，時間の経過と忘却の関係に着目し，自らを実験参加者として研究を行い，『記憶について(Über das Gedächtnis)』という著書を1885年に出版している．この著書では，無意味綴り(意味をなさないアルファベットの羅列)をどれだけ貯蔵できるか，時間の経過を条件に検討した結果が報告されている．実験では，まず**リハーサル**という方法を用いて，無意味綴りを完全に暗唱できるようになるまで覚えた．そして，一定時間経過した後に，覚えていた無意味綴りを再び暗唱できるようになるまでにどのくらいの時間(または回数)リハーサルが必要だったのかを測定し，そこから節約率を算出した．節約率とは，最初に暗唱できるようになるまでに必要であったリハーサルの時間(または回数)と比較して，次に暗唱できるようになるまでに必要となるリハーサルの時間(または回数)をどの程度減らすことができたのかを示している．つまり，完全に暗唱できるようになるまでに最初は10回リハーサルが必要であったが，次は6回のリハーサルで完全に暗唱できるようになったのであれば，4回節約されたので，節約率は40％であり，60％忘れてしまったことになる．

　実験結果を示したグラフは**エビングハウスの忘却(保持)曲線**と呼ばれている(図2)．最初に暗唱できるようになってから約20分後の時点で節約率は58.2％であり，40％以上忘れてしまっていることが示されている．そして，1日後の節約率は33.7％，1か月後も21.1％の節約率が保たれることが明らかとなった．つまり，忘却は記憶直後から急激に生じ，その後は緩やかに進むことが示された．エビングハウスの実験結果からも明らかなように，通常は時間の経過とともに忘却が進んでいく．しかし，符号化した直後よりも，一定時間経過し

Ebbinghaus, H. : Über das Gedächtnis：Untersuchungen zur experimentellen Psychologie. Duncker & Humblo. 1885.

リハーサル

反復して唱えること．リハーサルをすることで忘却を防いだり，長期記憶へ転送したりすることができる．忘却を防ぐために，情報を何度も声に出したり心のなかで唱えたりする単純なリハーサルを，維持リハーサルと呼ぶ．長期記憶に転送するために，語呂合わせをしたり他の知識と関連づけたりする，より深い処理を伴うリハーサルを精緻化リハーサルと呼び，記憶方略の1つである．

❯ 考えてみよう

エビングハウスの忘却(保持)曲線に示される実験結果を，日常の学習に当てはめて考えてみよう．繰り返し復習することで覚えるために必要な労力を節約し，効率よく覚えることができるようになると考えられる．

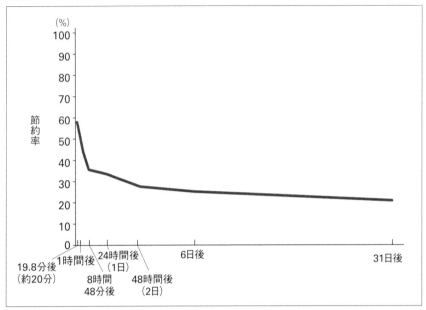

図2 エビングハウスの忘却(保持)曲線

(%)

節約率

19.8分後
(約20分)

1時間後

8時間
48分後

24時間後
(1日)

48時間後
(2日)

6日後

31日後

〔参考: Ebbinghaus, H.: Über das Gedächtnis: Untersuchungen zur experimentellen Psychologie. Duncker & Humblo. 1885.〕

視覚情報の感覚記憶をアイコニック・メモリ, 聴覚情報の感覚記憶をエコイック・メモリと呼ぶ.

Miller, G.A.: The magical number seven, plus or minus two: Some limits on our capacity for processing information. Psychological Review. 1956: 63. 81-97.

チャンキング

複数のチャンクを1つにまとめること. 多くの情報をチャンキングできれば, 1度に多くの情報を記憶できる仕組みになっており, 記憶方略の1つである. チャンキングという言葉を知らなくとも, 自然とチャンキングを用いて記憶している人も多くいるだろう. 日常の生活において, これを意識的に使用してみよう. すると, 効率的に情報を処理し, 符号化や貯蔵, 検索できることに気づくだろう.

てからのほうが検索しやすくなる**レミニセンス**という現象もある. 新しいことを覚えたときは, 少し時間をおいてから検索したほうが効果的であると考えられる.

② 記憶の分類

保持時間による分類

記憶は, 保持時間の長さによって, 感覚記憶, 短期記憶, 長期記憶の3段階に分類することができる.

私たちの感覚器官には外界からの情報が届き, この感覚器官からの情報が数秒だけ保持される. 視覚であれば見たまま, 聴覚であれば聞いたままの感覚的な形で保持され, これを**感覚記憶**と呼ぶ. 感覚記憶で注意を向けられた情報は, 短期記憶となる.

短期記憶は, 30秒程度で消失してしまう記憶であり, リハーサルすることで保持時間を伸ばすことができる. また, 短期記憶の容量は限られており, ミラー(Miller, G.A., 1956)は1度に記憶できるのは5〜9個程度であることを示し, これを**マジカルナンバー 7±2**と呼んだ. マジカルナンバーは, 心理的なまとまりである**チャンク**という単位で示される. たとえば, 「記憶」を平仮名で1文字ずつ保持すると3チャンク, 漢字で1文字ずつ保持すると2チャンク, 単

図3 長期記憶の分類

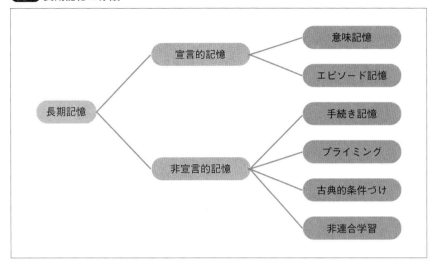

語全体で保持すれば1チャンクとなる.

　この短期記憶は単に物事を覚えておくという働きだけではなく，そのときの作業に必要な情報を一時的に保持し，その記憶に基づいて作業を効率的に実行するといった役割も担っている．短期記憶のなかでも，この情報処理能力を特に**ワーキング・メモリ**(作業記憶，作動記憶)と呼ぶ．計算をするときは，繰り上がりや繰り下がりの数字を覚えた状態で，残りの計算をすることがある．読書や会話をするときは，直前の文章や話の内容を保持しながら文章を読み進めたり話を聞いたりして，話の流れを理解することが必要である．このように，必要な情報をすぐに利用できる状態を保ちながら，認知的な処理を行うことができるのは，ワーキング・メモリの働きによるものである．

　短期記憶で繰り返しリハーサルされた情報は，**長期記憶**となる．長期記憶の保持時間は半永久的であり，容量には限界がないとされている．

長期記憶の内容による分類

　長期記憶は，記憶内容によって分類することができる(**図3**)．まずは大きく2つに分けられ，その分類基準は言葉で表すことができるかどうかである．言葉で表すことができる記憶を宣言的記憶や陳述的記憶と呼び，言葉で表すことが難しい記憶を非宣言的記憶または非陳述的記憶と呼ぶ．

　宣言的記憶は，意味記憶とエピソード記憶に分類することができる．**意味記憶**とは，一般的な知識を指し，多くの人に共通している記憶である．それに対して**エピソード記憶**は，個人的な体験や出来事の記憶であり，思い出などがこれにあたる．たとえば，同じ富士山に関する記憶でも，「日本で一番高い山は富士山である」というのは意味記憶であり，「昨年の夏，富士山に登った」というのはエピソード記憶である．

> **マジカルナンバー4**
>
> ミラーがマジカルナンバー7±2を報告した以降も，マジカルナンバーに関する実験は数多く行われた．コーワン(Cowan, N.,2001)はこれらの研究をレビューし，方略を使用しない純粋な記憶容量の限界は，4±1チャンクであることを報告した．

意味記憶

エピソード記憶

非宣言的記憶の代表的なものとして，手続き記憶が挙げられる．**手続き記憶**とは，運動や習慣など，同じ経験を反復することで形成される記憶である．自転車の乗り方を覚えて自転車に乗ることができたり，泳ぎ方を覚えて泳ぐことができたりすることが手続き記憶である．手続き記憶は，一度記憶が形成されると自動的に機能し，忘却しにくいといった特徴がある．そのため，久しぶりに自転車に乗ったときも問題なく運転することができるのである．

その他の非宣言的記憶には，**プライミング**，**古典的条件づけ**，**非連合学習**などがある．

手続き記憶の他の非宣言的記憶

プライミング

先に経験したことが，その後に無意識的に影響を与え，情報処理が促進または抑制されること．たとえば，先に昆虫の話を聞いていると，その後に夏という言葉から連想されるものを尋ねられたときに「セミ」や「カブトムシ」などの回答が多くなる．それに対して，先に植物の話を聞いていると，その後に夏という言葉から「ひまわり」や「朝顔」などが思い浮かびやすくなる．意識的に覚えたつもりのないものが，後の情報処理に影響を与えることから，言葉では説明できない非宣言的記憶に分類されている．

古典的条件づけ（第5章参照）

繰り返し経験することで，ある刺激に本来は結びついていなかった反応（行動）が結びつくこと．例として，レモン（刺激）と唾液（反応）の関係が挙げられる．本来はレモンを見ただけで唾液が出てくることはないが，レモンを食べ，酸っぱい食べ物であることを繰り返し経験したことによって，レモンを食べなくとも見ただけで唾液が出るようになる．この古典的条件づけは，連合学習とも呼ばれる．いったん学習がなされると長期間持続するといった特徴がある．

非連合学習

刺激と反応の結びつきではなく，一種類の刺激に関する学習．つまり，同じ刺激が繰り返し提示されることで馴化（慣れ）が生じたり，鋭敏化が生じたりする現象のこと．非連合学習も，いったん学習がなされると長期間持続するといった特徴がある．

>> 知識

　私たちの日々の経験や学習は，知識として蓄積されている．これらの知識を必要なときに検索して利用することで，日常生活は成り立っている．ここでは，長期記憶のなかでも知識として利用されている意味記憶がどのように整理されていると考えられているのか，その構造を解説する．

① 階層的意味ネットワークモデル

　知識の整理方法として，コリンズ（Collins, A.M.）とキリアン（Quillian, M.R.）（1969）は，階層的意味ネットワークモデルという考え方を提唱した．概念は**ノード**と呼ばれ，ノード間の関係が**リンク**と呼ばれる線によって結ばれている．ネットワークは階層構造をもち，上位概念や下位概念が仮定されている．図4に示すように，「カナリア」「鳥」「動物」というノードは，「カナリアは鳥」

Collins, A.M., Quillian, M. R.：Retrieval time from semantic memory. Journal of Verbal Learning & Verbal Behavior. 1969：8(2). 240–47.

図4 階層的意味ネットワークモデル

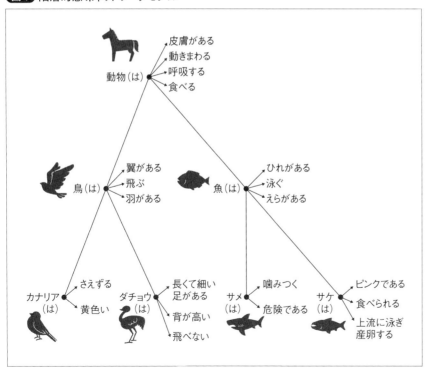

〔Collins, A. M., Quillian, M. R.：Retrieval time from semantic memory. Journal of Verbal Learning & Verbal Behavior. 1969：8（2）．240-47.〕

図5 活性化拡散モデル

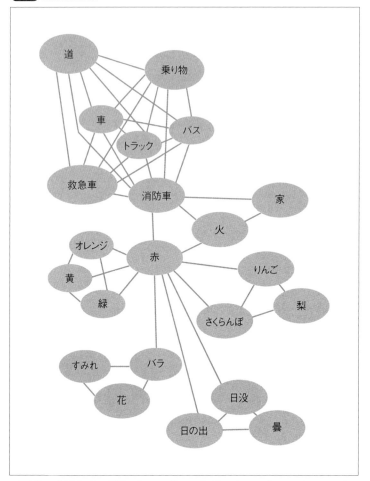

〔Collins, A.M., Loftus, E.F.：A spreading-activation theory of semantic processing. Psychological Review. 1975：82. 407-28.〕

「鳥は動物」といったようにリンクで結ばれている．つまり，「カナリア」はその上位概念である「鳥」と，さらに上位概念である「動物」とリンクで結ばれ，階層構造を成しているのである．

　コリンズとキリアンは，実験参加者に文章を提示し，その内容が正しいかどうかをできるだけ早く判断させる実験を行った．その結果，情報の検索がノード間のリンクをたどることによって行われ，リンクの移動が増えれば反応時間が長くなることを明らかにし，このモデルの妥当性を示した．

　階層的意味ネットワークモデルは，意味記憶の基本的なモデルであり，私たちはこの意味ネットワークによって，膨大な量の知識を整理し，必要なときに引き出すことができていると考えられる．

② 活性化拡散モデル

コリンズとキリアンの実験後，さまざまな追試が行われ，階層的意味ネットワークモデルとは一致しない結果が報告されるようになった．そこで，コリンズとロフタス(Loftus, E.F.)(1975)は階層的意味ネットワークモデルを改良し，活性化拡散モデルを提唱した．活性化拡散とは，あるノードが使用されて活性化すると，リンクで結ばれている他のノードも活性化していく，という考え方である．たとえば，**図5**の「救急車」というノードが使用され活性化すると，その周囲の「道」「車」「トラック」「バス」「消防車」「乗り物」なども活性化する．

このモデルではノード間の階層構造はなく，ノード同士の意味的関連度が重視された．ノード間の関連の強さを距離によって表現し，リンクが短ければ意味的に関連性が強く，長いほど弱くなることを示している．図5の「火」は「日の出」よりも「赤」と短いリンクで結ばれている．これは，「火」と「赤」の意味的関連性は，「日の出」と「赤」よりも強いことを意味しているのである．このように，私たちは概念(ノード)を増やしたり関連づけたりしながら，何かを理解するときや，記憶するときに役立てていると考えられる．

Collins, A.M., Loftus, E.F. : A spreading-activation theory of semantic processing. Psychological Review. 1975 : 82. 407-28.

活性化拡散モデルの妥当性は，プライミングによっても示されている．

>> 記憶方略

覚えやすさや思い出しやすさを促進するものはあるのだろうか．記憶を促進し，忘却を防ぐ方法である記憶方略について紹介する．

① 記憶の体制化と精緻化

複数の情報を覚えようとしたとき，それらの情報の関連づけを行い，情報をまとめ，整理して覚える方法を記憶の**体制化**と呼ぶ．情報同士を関連づけることができれば，より多くの情報を符号化することができる．また，1つの情報を検索すれば，それに関連した情報も検索されるため，符号化も検索も効率的に行うことができる記憶方略である．テスト勉強にこれを活用すると，テスト範囲を項目ごとに覚えるのではなく，項目に関連性をもたせて，全体を理解することができる．

体制化

この体制化と類似して，覚えようとしている内容に関連する情報や意味，イメージなどを付け加えることで，効率的に記憶を行う方法を**精緻化**と呼ぶ．覚える情報が増えるため，負荷が高くなり覚えにくくなると考えられがちだが，実際は手がかりが多いほど符号化や検索がしやすくなる．たとえば$\sqrt{2}$の1.41421356を，「一夜一夜に人見ごろ」といったように語呂合わせをし，意味や

精緻化

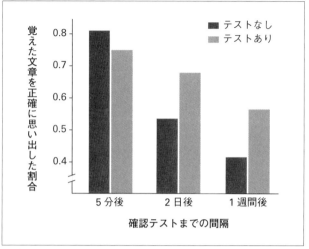

図6 テストの効果

縦軸: 覚えた文章を正確に思い出した割合
凡例: ■ テストなし ■ テストあり
横軸: 5分後 2日後 1週間後
横軸ラベル: 確認テストまでの間隔

〔Roediger, H.L., III, Karpicke, J.D. : Test-Enhanced Learning : Taking Memory Test Improves Long-Term Retention Henry. Psychological Science. 2006 : 17（3）．249-55.〕

Roediger, H.L., III, Karpicke, J.D. : Test-Enhanced Learning : Taking Memory Test Improves Long-Term Retention Henry. Psychological Science. 2006 : 17(3)．249-55.

イメージを付け加えることがこれにあたる．単に数字の羅列を符号化するよりも効率的に記憶することができる．テスト勉強では，体制化と精緻化を組み合わせて実施すると効果的といえそうである．

② 長期記憶へのテストの効果

　学校では，さまざまな場面でテストが実施される．テストは，児童生徒がどの程度授業を理解しているのか，また理解できていない点はどこなのかを教員が把握するために，とても有効な方法である．

　それでは，テストを受ける児童生徒にとってはどのような効果があるのだろうか．テストの効果を検討した実験では，文章を覚えることが課題であった．実験参加者全員に，文章を覚えるための時間が与えられた後，実験参加者の半数にもう一度同じように文章を覚える時間が与えられた(これを，テストなし群とする)．そして，もう半分の実験参加者には，書かれていた文章を正確に書き出せるかテストが行われた(これを，テストあり群とする)．各群の実験参加者に，5分後，2日後，1週間後に，覚えた文章について確認テストを行った．5分後の結果は，テストなし群の正答率が81%であったのに対して，テストあり群は75%であり，テストの効果はみられなかった．しかし，2日後，1週間後はこの結果が反転することとなった(図6)．

　つまり，長期記憶においては，テストを実施したほうが効果的であり，記憶した内容を定着させるのに役立つことが示された．

図7 符号化と検索の環境別記憶再生数

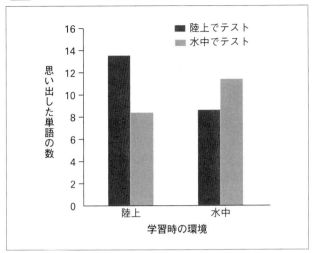

〔参考：Godden, D.R., Baddeley, A.D.：Context-dependent memory in two natural environments：On land and underwater. British Journal of Psychology. 1975：66（3）. 325-31.〕

③ 文脈依存効果

　符号化の状況と検索の状況が一致していればしているほど，検索しやすくなることが知られており，これを文脈依存効果と呼ぶ．実験では，水中と陸上で単語を符号化し，水中と陸上で検索させている．すると，水中で覚えた単語は陸上で検索するよりも水中で検索したほうが正しく検索でき，陸上で覚えた単語は水中で検索するよりも陸上で検索したほうが正しく検索できることが示された（図7）.

　また，別の実験では，飲酒によって酔った状態と素面の状態での検討がなされている．実験参加者は，符号化と検索どちらも素面の条件，符号化と検索どちらも酔った条件，符号化は酔っていて検索は素面の条件，符号化は素面で検索は酔っている条件の4条件にランダムに分けられた．最も記憶の成績が良かったのは，素面で符号化し素面で検索した条件であったが，酔って符号化した場合，素面で検索するよりも酔った状態で検索した条件のほうが成績が良いことが示された（Goodwin, et al., 1969）.

Goodwin, D.W., Powell, B., et al.：Alcohol and recall：state-dependent effects in man. Scinece. 1969：163（3873）. 1358-60.

④ 生成効果

　多くの児童生徒は，授業で教員が示した内容をノートに書き記している．そしてテスト前には，そのノートや教科書，その他の資料を基にして，情報を整

理し，再構成したまとめ資料を作成する人もいる．自分で情報を整理し再構成することは生成効果と呼ばれ，記憶に効果的であることが示されている．つまり，単に教員が示した完成した情報を見たり聞いたりするよりも，また友人のノートをコピーさせてもらうよりも，自分でノートを作成し情報を作ったりまとめたりするほうが学習効果は高くなるということである．学習内容を他者に説明したり教えたりすることも生成効果の一種であり，効果的な学習方法として知られている．

● 文献

• Ebbinghaus, H.：Über das Gedächtnis：Untersuchungen zur experimentellen Psychologie. Duncker & Humblo. 1885.
• Miller, G.A.：The magical number seven, plus or minus two：Some limits on our capacity for processing information. Psychological Review. 1956：63. 81-97.
• Cowan, N.：The magical number 4 in short-term memory：A reconsideration of mental storage capacity. Behavioral and Brain Sciences. 2001：24. 87-185.
• Collins, A.M., Quillian, M.R.：Retrieval time from semantic memory. Journal of Verbal Learning & Verbal Behavior. 1969：8(2). 240-47.
• Collins, A.M., Loftus, E.F. ：A spreading-activation theory of semantic processing. Psychological Review. 1975：82. 407-28.
• Roediger, H.L., III, Karpicke, J.D.：Test-Enhanced Learning：Taking Memory Test Improves Long-Term Retention Henry. Psychological Science. 2006：17(3). 249-55.
• Goodwin, D.W., Powell, B., et al.：Alcohol and recall：state-dependent effects in man. Scinece. 1969：163(3873). 1358-60.
• Godden, D.R., Baddeley, A.D.：Context-dependent memory in two natural environments：On land and underwater. British Journal of Psychology. 1975：66(3). 325-31.

事例

心理学を活かした勉強方法のアドバイス

Aさんがテスト返却後に悩んでいた．そこで教員がAさんに声をかけると，「いつもよりも勉強したのに，思っていたよりも成績が上がりませんでした．どうしたらよいのか，わかりません」と相談してきた．Aさんに，どのように勉強したのか詳細を聞いたところ，以下のように説明してくれた．

「今回は頑張ろうと，いつもより早めに試験勉強に取りかかりました．自宅ではなかなか集中することができなかったので，お気に入りのカフェへ行くことにしました．カフェは快適でしたが，人も多く雑音もあるので，ヘッドフォンをして音楽を聴きながら勉強することにしました．まずは，これまでの授業ノートや資料を基にして，自分で情報を整理し，試験範囲の内容それぞれを関連づけてまとめノートを作成しました．自宅よりもカフェでの勉強がとても捗ったので，その後もカフェでヘッドフォンをして音楽を聴きながら，自作のまとめノートを読んだり，関連する情報を追加してまとめ直したり，毎日繰り返し勉強しました」

Aさんの話から，どのような心理学的知見を活用して勉強していたといえるか，まずは考えてみよう．Aさんは，情報を整理し内容を関連づけたまとめノートを作成して勉強しているので，体制化と生成効果を活用していることがわかる．また，関連する情報を追加していることから，精緻化を活用して勉強していることも明らかである．そして，エビングハウスの忘却曲線から，繰り返し復習することが効率的に忘却を防ぐ方法であることが示されているが，Aさんは毎日繰り返し勉強していたので，この知見も活用されていた．これらの点から，Aさんは心理学的な知見が活かされた効果的な勉強方法を実施していたといえる．

それではなぜ，思ったよりも成績が上がらなかったのだろうか．考えられる改善点は，勉強する環境である．文脈依存効果を考えると，勉強する環境を試験を受ける環境に近づければ近づけるほど成績が向上する可能性があるが，Aさんが試験勉強をしたカフェと試験を受ける環境は，かなり異なる．しかも，音楽を聴きながら勉強をしていたという．音楽は聴かずに静かな環境，たとえば図書館で勉強することを勧めてみることがよいアドバイスになるだろう．

10 学習の方法

学習のポイント

1. 学習法の特性を理解しよう.
2. 学習法の実践例を考えてみよう.
3. 学習法を組み合わせた効果的な学習法を考えてみよう.

現在注目され実践されている学習法はさまざまであるが, いずれも学習者が主体的・積極的に学習に取り組むという点が重視されている. これは近年の学習指導要領の目標にも掲げられている**主体的・対話的で深い学び(アクティブラーニング)**にも通じるものである(文部科学省, 2021). 本章ではそうした学びを実現するために必要となる学習法について学んでいく.

文部科学省. 学習指導要領の趣旨の実現に向けた個別最適な学びと協働的な学びの一体的な充実に関する参考資料. 2021.

① 個々の学習者に焦点を当てた学習法

♪ オペラント条件づけ
→p.84

プログラム学習

プログラム学習はスキナー(Skinner, B.F.)が提唱した行動主義的な学習理論(オペラント条件づけやシェイピング)を応用した学習方法である. プログラム学習では5つの原理(**表1**)に基づいた学習プログラムに沿って学習が進められる. 学習内容は着実に学習を進められるように細かなステップに分けられており, 学習者は各ステップに関する問題に一つずつ順番に取り組んでいく. 問題に解答すると, すぐにそれに対するフィードバックが与えられ, 誤答である場合には同じステップの問題に再度取り組み, 正答であれば次のステップに進む. このようにいくつものステップを経ることで学習目標の習得が目指される.

スキナーは娘の授業参観の際にただ受け身で教員の説明を聞くだけの授業を目の当たりにし, 心理学の知見を活かし, 学習者が積極的に学習を進められる方法の必要性を主張した.

たとえば, 四則演算の学習の場合, ①四則(加法, 減法, 乗法, 除法)のうちいずれか一つのみを用いた計算問題, ②四則のうちのいくつかが混ざった計算問題, ③四則がすべて混ざった計算問題のように細分化されたステップに順番に取り組んでいき, 最終的に四則演算の方法を習得するというような学習方法である.

シェイピング

強化したい(生起頻度を高めたい)行動がみられない場合に, その目的とする行動に近い行動の強化と消去を繰り返して方向づけていく方法. プログラム学習では, 複雑で難しい学習内容を細分化して少しずつ習得していくスモールステップの原理として取り入れられている.

通常の学級では学力が異なる学習者に対して同一の内容を指導するため, 学習者のレベルによって適切な学習の進度は異なる. しかし, このプログラム学習では学習者自身が自分に合ったペースで成功を積み重ねながら学習を進めることができるため, 学習者が積極的に学習に取り組むことが期待できる. したがって, どのような学習プログラムを構築するのかが非常に重要となるため,

表1 プログラム学習の5つの原理

スモールステップの原理	学習者が無理なく学習を進められるように，各ステップを細分化して徐々に学習目標に到達できるようにする
積極的反応の原理	学習者が積極的に学習に取り組むことで，学習が進められる（強化される）
即時確認の原理	各ステップの問題に解答すればすぐに正答のフィードバックが与えられる
自己ペースの原理	学習者が自分のペースで学習を進めることができる
学習者検証の原理	学習者の成績に基づいてプログラムの評価と改良を行う

学習者の成績を確認しながら，プログラムの評価と改良を行っていくことが不可欠となる．

　スキナーの提唱するプログラム学習は**直線型**と呼ばれ，すべての学習者が同じステップを経て学習目標に到達する構造となっている．直線型のプログラムは計算法の習得などの比較的単純な学習に効果的であるとされているが，文章問題などの複雑な問題解決の方法を学習する際には，学習者の誤答に合わせて取り組むステップが変化するクラウダー（Crowder, N.A.）の**分岐型**のプログラムが効果的である．現在ではプログラム学習はeラーニングなどのさまざまな学習プログラムや学習アプリに取り入れられている．

受容学習

　オーズベル（Ausubel, D.）は知識がどのように学習者のなかに取り込まれるのかという点に着目し，有意味受容学習という学習法を考案した．**有意味受容学習**とは，学習者が既存の知識に関連づけることができるように学習内容を教授する学習法である．たとえば，平行四辺形の面積の求め方を教える場合，単に底辺×高さで面積が求められると教えるのではなく，図形を切り取って長方形に変換することで，既に学習した長方形の面積の求め方を平行四辺形の面積の求め方と学習者に関連づけさせるような方法である．この場合，表現の違いはあっても長方形の面積の公式にある縦×横と，平行四辺形の面積の公式にある底辺×高さを同じ枠組みでとらえることができるようになるだろう．

　このように既にある知識に組み込まれるような形で新たな知識を獲得することで，表面的な違いにとらわれずより本質的な理解を促すのがこの学習法の重要なポイントである．学習の際にこのような関連づけがなされずに行わ

オーズベルは後述する発見学習と受容学習を比較し，発見学習によって得られる問題解決の能力の重要さは認めつつも，発見学習の実施には時間や労力がかかることや習得すべき学習内容が非常に多いこと，優れた問題解決能力を身につけることの難しさなどを指摘し，受容学習を重視すべきだと主張した．

れる学習（いわゆる丸暗記）は機械的受容学習と呼ばれ，学習者のなかで教授された知識は相互に関連づけられることなく，バラバラに存在している状態となる．記憶の研究（第9章参照）で明らかになっているように，既存の知識に関連づけることで記憶成績が向上するため，有意味受容学習によって得られた知識は機械的受容学習によって得られた知識よりも定着しやすい．

　有意味受容学習を効果的に実施するために重要となるのが，先行オーガナイザーである．**先行オーガナイザー**とは，学習者が学習内容を既存の知識に効率よく統合できるように学習に先立って示される情報のことであり，説明オーガナイザーと比較オーガナイザーの2つに分類することができる．説明オーガナイザーは新しい学習内容を既に学習した内容と結びつけるために必要な学習の全体像であり，比較オーガナイザーは新しい学習内容と既存の知識の類似点や相違点に関する情報である．たとえば，先ほどの平行四辺形の面積を指導する場合，学習に先立って図形の面積の根本的な考え方（面積とは，図形の中に単位となる正方形がどれくらい含まれているかを示す概念である）を示すのであれば，それは説明オーガナイザーとなる．一方で，先ほどの例のように長方形と平行四辺形の類似点を事前に提示する場合には比較オーガナイザーとなる．

自己調整学習

　自己調整学習は学習における動機づけ（第11章参照）やメタ認知，行動の3つの側面に注目し，学習者が能動的に自分の学習過程に関与することが目的とされる学習方法である．学習におけるメタ認知とは，学習方略に関する知識（たとえば，どのような勉強法が有効なのかに関する知識）や，自分が行っている認知的活動に関する認知（たとえば，自分が学習している内容がどの程度理解できているのかを把握すること）のことである．ジマーマン（Zimmerman, B.J.）が提唱する自己調整学習のモデルは予見段階，遂行段階，内省段階の3つのプロセスが循環するような構成となっている（図1）．

　まず**予見段階**では，学習内容が分析され，目標設定と具体的な学習方略が計画される．たとえば，理科の電流と電圧について学ぶ場合，学習内容を回路の種類，回路と電流・電圧の関係，オームの法則に細分化し，各項目の総合問題で80％以上の正解を目標とする．そして，その目標を達成するために各項目に対応した問題演習を期日までに5問ずつ解いていくという計画を立てるようなプロセスである．学習目標と学習方略を効果的に設定するためには学習者が高い動機づけをもっている必要があり，自己効力感や学習内容への興味を高める工夫も必要となる．実際，動機づけが高い学習者は具体的でより望ましいとされる熟達目標を設定しやすく，効果的な方略も用いやすいとされている．

　次の**遂行段階**では，予見段階で計画した学習方略を実際に行動に移す段階である．その際，学習計画をただ実行するだけでなく，学習計画が進められるなかで自分の理解度を確かめたり，学習状況や問題の正答率などを記録したりすることで自身の学習状況を具体的にモニタリングすることが重要となる．たと

🔑 自己効力感
→p.123

図1 単元の指導と評価の関係

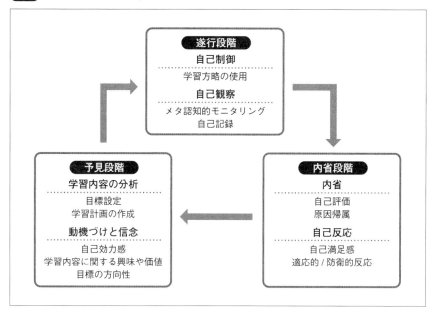

〔Zimmerman, B.J., Labuhn, A. S. Self-regulation of learning：Process approaches to personal development. In Harris, K.R., Graham, S., et al.（Eds.），APA educational psychology handbook, Vol. 1. Theories, constructs, and critical issues. American Psychological Association. 2012. p.399–425.〕

えば，回路の種類や電流・電圧の関係などの各項目の問題演習が学習計画通りに進められているか，各項目の問題演習の正答率はどの程度なのかなどをしっかり記録・モニタリングして計画通りに学習が進められるようにするプロセスである．

　最後の**内省段階**は，学習後に自身の学習結果やその原因を評価し，学習に対する満足感や次の学習への反応が生じる段階である．学習者のこの段階のプロセスは次の学習にも影響を及ぼすため，効果的な内省が必要となる．そのためには，学習結果は周囲との比較ではなく，自身が設定した目標が達成できたかどうかに基づいて判断すること，学習結果の原因は学習者が用いた学習方略の観点から考えることがよいとされている．たとえば，予見段階で設定した最終的な総合問題の成績で80％を達成できているか確かめ，それができていれば毎日少しずつ取り組んだことがよかったといったように用いた方略のどの点がよかったのかを考えるといった流れである．

② 教育者や学習者間の相互作用に焦点を当てた学習法

発見学習

　ブルーナー（Bruner, J.S.）によって提唱された発見学習とは，学習者自らが考えて目標となる概念や法則を発見することによって知識を習得していく学習

法である．この学習法では，まず教育者から習得すべき概念や法則を発見することができる問題と問題解決に必要となる資料が提示され，学習者はその問題を解決するための仮説を立て，それを検証することによって解決に必要となる概念や法則を発見していく．

発見学習は実践者や研究者によってさまざまな手法で用いられているが，基本的には①課題の把握（発見すべき課題の内容を明確にする），②仮説の設定（与えられた資料などに基づき仮説を設定する），③仮説の精錬（仮説の論理構造を確認してその検証方法を考える），④仮説の検証（実験などによって仮説を検証する），⑤発展（仮説と検証結果をまとめて結論を導く）という5つのプロセスをたどる．

このようなプロセスのなかで学習者は知識を習得しつつ，一般的な問題解決能力や問題を主体的に解決する姿勢などを身につけていくことが目的となる．ただ教育者の説明を受動的に聞いて覚えることで獲得される知識よりも，学習者自身が能動的に発見した知識のほうが身につきやすく，知識を発見するという楽しさや喜びを感じることができるだろう．発見学習の効果はそのような部分にあるとされている．

一見すると発見学習では学習者自身の活動に重きが置かれているようだが，実際に最も重要となるのは学習者が主体的に発見できるようにするための教育者の活動（足場かけ）である．それぞれの学習者の取り組みを目標に方向づけて試行錯誤を減らし，発見への動機づけを保ち，必要に応じて部分的に模範例を示すなど，学習者が自分で発見できるようにサポートすることが求められる．

発見学習では学習者が主体的に発見するという側面のみが重視され，教育者のサポートがほとんどないタイプの授業が展開されることもあるが，発見学習の効果を検証した研究（Alfieri, L., et al., 2011）では，教育者のサポートがないタイプの発見学習が実施された場合，効果がない，あるいは逆効果となることが報告されている．重要なのは教育者が発見のために試行錯誤する学習者とどのように関わるかという点であることには留意されたい．

発見学習の考え方をベースに考えられた実践例として**仮説実験授業**が挙げられる．仮説実験授業では学習者に対して**図2**のような問題が示され，学習者はその問題の答えについて予測し，理由を考える（仮説の設定）．その後，設定した仮説について討論を行い，それぞれの仮説を実際に実験で検証する．こうした仮説の設定と実験というプロセスを通して，習得すべき概念や法則を発見することを目標とする学習方法である．仮説実験授業でも学習者が仮説を討論しやすいように，それぞれの学習者の意見を方向づける教育者の役割が重視されている．

問題解決学習

問題解決学習は欧米の医療系の大学を中心に導入された学習法であり，将来専門家として直面することになる現実的で複雑な問題の解決に取り組むこと

Alfieri, L., Brooks, P.J., et al. Does discovery-based instruction enhance learning?. Journal of educational psychology. 2011：103(1)．1．

問題解決学習

発見学習的な学習法を問題解決学習と呼ぶこともあり，問題解決学習の指す意味は多様である．本書ではProblem- Based Learningを問題解決学習として紹介する．その他の類似の学習法としてはプロジェクト学習（Project-Based Learning）や探索学習（Inquiry-Based Learning）などが挙げられる．

図2 仮説実験授業の問題例

問題1 止まっている円板に同じ重さの円板をぶつける

それでは，今度は一方の円板を真ん中あたりに止めておいて，同じ重さの円板を一方から勢いよくぶつけてやることにします．そうしたら，2つの円板は衝突後どうなると思いますか．

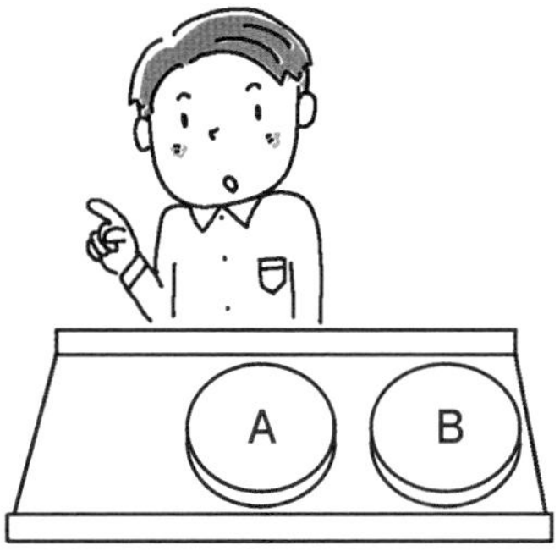

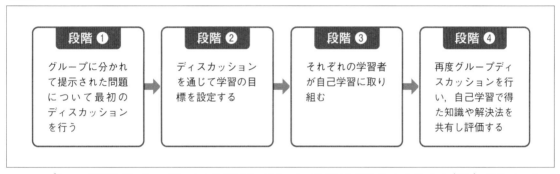

〔参考：塚本浩司，加納誠ら．物理入門教育の双方向遠隔授業：仮説実験授業の遠隔授業化（私の工夫）．物理教育．2004：52（1）．10-2.〕

図3 問題解決学習のプロセス

段階❶ グループに分かれて提示された問題について最初のディスカッションを行う

→ **段階❷** ディスカッションを通じて学習の目標を設定する

→ **段階❸** それぞれの学習者が自己学習に取り組む

→ **段階❹** 再度グループディスカッションを行い，自己学習で得た知識や解決法を共有し評価する

〔Loyens, S.M.M., Kirschner, P.A., et al. Problem-based learning. In Harris, K.R., Graham, S., et al.（Eds.），APA educational psychology handbook, Vol. 3. Application to learning and teaching. American Psychological Association. 2012. p.403–25.〕

で，現実の問題解決との関連が意識しづらい基礎的な知識の学習に対する動機づけを高めることを目的としたものである．問題解決学習は**図3**のようなプロセスで進められる．

まず現実に扱うことになるような解決方法や答えが決まっていない複雑で難しい問題が提示され，学習者たちはいくつかのグループに分かれて既存の知識から問題の解釈や可能性のある解決方法をディスカッションする．たとえば，耳の不調を訴える患者の情報が提示され，その患者に適切な診断を下すといったような実践的な問題が課される．次に，ディスカッションで出てきた意見をまとめて何について学ぶべきなのかという学習目標を設定する．先ほどの例であれば，提示された患者の情報から身体のどの部分に問題があるのか，何につ

いて調べるべきなのかということをディスカッションを経て決定する．ディスカッションで学習目標が設定できたら，学習者がそれぞれに分かれて学ぶべき目標について図書館やインターネットなどを使って自分で調べ学習をする．その際，どのような学習方法を選択するかは学習者が自分で決定する．最後に，再度グループディスカッションをして，それぞれが学習した内容は問題の解決方法を共有し，評価を行うことで一つの問題に関する学習が完了となる．

発見学習と同様に，教育者側が学習者にどのように働きかけるかという点が重視されており，グループディスカッションの際には扱う問題について一定の知識をもち，学習者たちの議論や学習を方向づけるチューターと呼ばれる調整役が必要となる．やはりここでもチューターは学習者に直接答えを教えるのではなく，ディスカッションで出てきた意見などを言い換えたりしてそれとなく学習を方向づけるのである．

協働学習

協働学習とは，いくつかのチームに分けられた学習者たちがチーム単位で協力しながら学習に取り組み，その学習成績に応じて何らかの報酬が与えられるというような学習方法である．たとえば，まず教育者がクラス全体を学力が同程度になるようにさまざまな学力のメンバーで構成されたチームに分け，習得すべき学習内容の基本事項を指導する．その後，チームに分かれて教育者から課されたテストやクイズに取り組み，各チームの成績を競い合い報酬獲得を目指す．

テストやクイズの成績は各チームの平均を利用するなど，チームメンバー全体の貢献が必要な課題となっており，テストやクイズを受験する際は一人で取り組むことになっている．したがって，チームが良い成績を収めて報酬を獲得するためにはチームメンバー同士が協力して学習することが不可欠となり，メンバー同士での教え合いが促されることとなる．学力が高い学習者は学力が低い学習者に学習内容を説明することで，理解していた内容がさらに**精緻化**されより深い理解を得ることができる．一方で，学力が低い学習者もメンバーから個別に学習内容の説明を受けることができ，理解を深めることができる．教育者はチームでの取り組みをモニタリングし，成績が低いチームに補習を行うなどすべてのチームの共同学習が円滑に進むようにサポートを行う．

協働学習で重要とされているのが①チームごとに与えられる報酬を目標とすること，②チームの成績が全員の貢献によって決まること，③すべてのチームが等しく成功する機会を与えられていることの3点である．①のチームで達成する目標を設定するという点は学習の動機づけを高めることにつながり，学習を促進する効果があると考えられる．また，②のチームの成績にチームメンバー全員の成績を反映するという点は，チーム内の特定のメンバーだけが学習に取り組むという状況を防ぐことができる．たとえば，一般的に用いられているグループ学習ではグループごとに一つの成果物（たとえば，発表資料）の提出が

精緻化
→p.97

図4 ジグソー学習

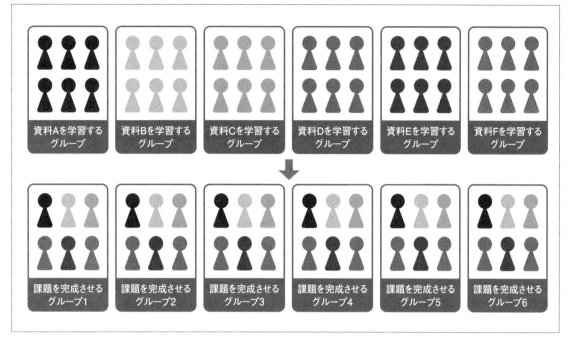

〔参考：東京大学大学院総合文化研究科・教養学部附属教養教育高度化機構アクティブラーニング部門.
オンライン授業でジグソー法を行う. https://dalt.c.u-tokyo.ac.jp/tips/almethod/a2873/〕

求められることが多いが，このような場合，少数のメンバーだけが学習に取り組んだり，グループ学習に全く取り組まなかったりする学習者も出てくることだろう．③のすべてのチームの成功機会が保証されているという点も動機づけの観点から非常に重要となる．これはチームメンバーの構成に大きく左右されるため，教育者はそれまでの成績などを参考にバランスよくさまざまな学力や特性をもったチームを作成する必要がある．

　協働学習としてよく挙げられる学習法としてはアロンソン（Aronson, E.）らの提唱したジグソー学習がある（**図4**）．**ジグソー学習**では，学習者が6人程度のメンバーで構成されるグループに分けられ，学習内容もメンバーの数に応じて分割される．たとえば，体育の授業の場合，各グループの人数が6人であれば，習得目標となる技能（たとえば，側方倒立回転など）のポイントをあらかじめ6つに分けておく．そして，そのように分割された技能のポイントを各グループのメンバー一人ひとりに割り当て，同じ内容を割り当てられた学習者同士が各グループから集まって協働で技能のポイントの習得に取り組む．最後に，そこで得られた内容を元のグループに戻って分割された技能のポイントを統合させ，目標となる技を完成させるという方法である．アロンソンらの提唱したオリジナルのジグソー学習では上記に挙げた協働学習の重要な要素が含まれていないため，ジグソー学習の成果をチームメンバー全体の個別テストの平均点

Slavin, R.E. Using Student Team Learning. The Johns Hopkins Team Learning Project. 1978.

で評価し，報酬を与えるという改良版のジグソー学習も提唱されている（Slavin, 1978）．

反転学習

　反転学習は比較的最近になって導入され始めた学習方法である．具体的には，従来教室で行われていた全体での学習指導を教育者が用意したビデオ教材などを使って学習者が自宅などで事前に行っておき，教室では事前に学習した内容に関する問題演習に取り組むというようなプロセスで学習を進めていく．

　一見すると，単に教室での指導と家で取り組む宿題を入れ替えただけの学習法のように感じるかもしれないが，実際はそうではない．反転学習を奨励するThe Flipped Learning NetworkTM（2014）によれば，反転学習とは，教育者による一斉指導を教室から個々の学習環境に移すことで，教室でのグループサイズを調整し，教育者が学習者に積極的に働きかけることができるようにする学習法のことである．反転学習ではすでに学習内容の伝達が行われており，教室での問題演習の際には，学習内容が理解できていて自力で進められる学習者と，学習内容が十分に理解できておらず自力で問題を進めることができない学習者に分けられる．したがって，教育者のサポートが必要な学習者のグループサイズが減ることで，通常の授業形態ではサポートが難しかった学習者に対して教育者が積極的にはたらきかけることが可能となるのである．

Yarbro, J., Arfstrom, K.M., et al. Extension of a Review of Flipped Learning. Flipped learning Network. 2014.

　反転学習の実践例のなかには教室での学習を問題演習とするだけでなく，発見学習など他の学習方法を組み合わせて実施されるものもあり，反転学習のなかにもさまざまなバリエーションがみられる．しかし，どのような反転学習を行うことが効果的なのかという点はまだまだ検討が必要であり，今後のさらなる効果研究などに注目が集まっている．

③　学習法と学習者の相互作用：適性処遇交互作用

　適性処遇交互作用とは，クロンバック（Cronbach, L.J.）によって提唱された概念であり，学習法（処遇）の効果は学習者の適性（パーソナリティや認知スタイルなど）によって異なるとする両者の組み合わせによって生じる効果のことである．

　これまでにさまざまな学習者の適性と学習法の関係が研究されているが，ここでは代表的な研究を紹介することとする．スノー（Snow, R.E.）ら（1965）の研究では物理学の講義を受けた大学生を対象に，講義に関するテストの成績について授業形態（対面授業or映像授業）と，さまざまな学習者の特性（パーソナリティや学業成績，映像授業に関する態度など）の組み合わせの効果が検討された．その結果，複数の適性処遇交互作用が確認された．たとえば，活動的で対人場面で優位な立場を取りたがる支配性が高い学習者は，映像授業よりも対面

Snow, R.E., Tiffin, J., et al. Individual differences and instructional film effects. Journal of Educational Psychology, 1965：56(6). 315–26.

図5 授業形態と支配性によるテストの結果

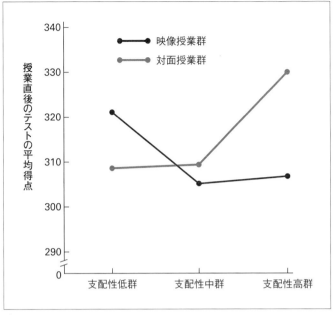

〔Snow, R.E., Tiffin, J., et al. Individual differences and instructional film effects. Journal of Educational Psychology, 1965：56（6）．315-26.〕

授業を受けた場合にテストの成績が良かった．一方で，受動的で他者に依存する傾向のある支配性が低い学習者は，対面授業よりも映像授業を受けたときのほうが成績が良かったという結果となった（**図5**）．つまり，**どのような学習法が効果的なのかということを考える際，学習法の学習効果のみを比較検討するだけでなく，その学習法がどのような学習者にどのような効果があるのかという点についても検討する必要がある**ということである．

　シュワブ（Schwab, J.J., 1978）の「Education = Someone + Something +Someone else + Some context」という公式に表現されているように，誰が（Someone），何を（Something），誰に対して（Someone else），どのような文脈で教えるのか（Some context）ということが教育を構成する要因となっている．このなかで学習法は主にSomethingに該当するものだが，ここで紹介した学習法はいずれもSomething以外の要因にも注目した考え方である．効果的な学習法を考える際には，そのような複雑な要因の関係も心に留めておく必要があるだろう．

Schwab, J.J. Science, curriculum, and liberal education：Selected essays. University of Chicago Press. 1978.

◉ 引用文献

- 文部科学省. 学習指導要領の趣旨の実現に向けた個別最適な学びと協働的な学びの一体的な充実に関する参考資料. 2021. (https://www.mext.go.jp/content/210330-mxt_kyoiku01-000013731_09.pdf)（最終閲覧：2023年9月11日）
- Zimmerman, B.J., Labuhn, A.S. Self-regulation of learning：Process approaches to personal development. In Harris, K.R., Graham, S., et al.（Eds.）, APA educational psychology handbook, Vol. 1. Theories, constructs, and critical issues. American Psychological Association. 2012. p.399–425. (https://doi.org/10.1037/13273-014)（最終閲覧：2023年9月11日）
- Alfieri, L., Brooks, P.J., et al. Does discovery-based instruction enhance learning?. Journal of educational psychology. 2011：103(1). 1.
- 塚本浩司，加納誠ら. 物理入門教育の双方向遠隔授業：仮説実験授業の遠隔授業化（私の工夫）. 物理教育. 2004：52(1). 10-2.
- Loyens, S.M.M., Kirschner, P.A., et al. Problem-based learning. In Harris, K.R., Graham, S., et al.（Eds.）, APA educational psychology handbook, Vol.3. Application to learning and teaching. American Psychological Association. 2012. p.403-25.(https://doi.org/10.1037/13275-016)（最終閲覧：2023年9月11日）
- Slavin, R.E. Using Student Team Learning. The Johns Hopkins Team Learning Project. 1978.
- Yarbro, J., Arfstrom, K.M., et al. Extension of a Review of Flipped Learning. Flipped learning Network. 2014.
- Snow, R.E., Tiffin, J., et al. Individual differences and instructional film effects. Journal of Educational Psychology, 1965：56(6). 315-26.(https://doi.org/10.1037/h0022788)（最終閲覧：2023年9月11日）
- Schwab, J.J. Science, curriculum, and liberal education：Selected essays. University of Chicago Press. 1978.
- 市川伸一.『「教えて考えさせる授業」を創るアドバンス編—「主体的・対話的で深い学び」のための授業設計』図書文化. 2020.

教えて考えさせる授業

- -

　これまでいくつもの新しい学習法が考案されてきたが，既存の学習法の優れた点を組み合わせた学習法も提唱されている．たとえば，市川(2020)のOKJ(教えて考えさせる授業)は学習内容を既存の知識と結びつけながら学習を行う受容学習と，学習者自らが知識を発見することを促して問題解決力を伸ばしていく発見学習を組み合わせた学習法である．

　OKJの1コマは①教師の説明，②理解確認，③理解深化，④自己評価という4つの段階で構成され，①教師の説明が教える(受容学習)に，③理解深化は考えさせる(発見学習)に対応している．①教師の説明では，学習者が理解しやすいように学習内容の本質的な側面を抑えられるように伝え方が工夫されており，②の理解確認の段階では学習者はペアやグループになり，①の段階で与えられた知識を自分の言葉で説明しながら確認問題に取り組む．学習者が与えられた情報を自分の言葉で説明することで理解が促進され，同時に自分の理解度を確認することもできる．

　次の③理解深化の段階では協働的な発見学習が展開され，さらに複雑な問題解決に取り組むなかでより一般的な法則を導き出したり，間違えやすい問題について考えたりする時間となる．

　最後の④自己評価は単なる授業の感想を述べるのではなく，何がわかって何がわからなかったのかという点にしっかりと目を向けさせ，学習状況の理解度について考えさせる段階となる．

　このようにOKJは学習法に関する心理学的知見を積極的に応用した実践例であり，主体的・対話的で深い学びが学習目標として掲げられるようになった近年では，より一層注目が集まる学習法となるだろう．

　OKJのような学習法の効果的な組み合わせには他にどのようなものが考えられるか，話し合ってみよう．

市川伸一．『「教えて考えさせる授業」を創るアドバンス編―「主体的・対話的で深い学び」のための授業設計』図書文化．2020．

動機づけ

① 動機づけとは

動機づけは, 教育場面においては, モチベーション, 意欲, やる気という言葉に置き換えることもできるだろう.

動機づけとは, ある行動が起こり, 継続する一連の過程のことをいう. たとえば, ある科目の勉強をするという行動は, 勉強したいという内的な状態(**欲求**)があり, かつその科目の教科書や授業といった対象(**誘因**)が存在することによって引き起こされる.

実際には, 行動が起こり継続する過程のなかに, 自分の気持ちや考え方といった内的要因と, 他の人たちとの関わりといった外的要因が複雑に関わってくる. たとえば, やりたいことや, やらなければいけないことがたくさんある場合に, どれをするのか迷ったり, なぜ勉強するのかという理由が自分のなかではっきりしておらず, 勉強を始めても三日坊主で終わってしまったり, いろいろと理由をつけて勉強を始められないようなことがあるだろう. また, 親や友人からの一言でやる気になったり, 逆にやる気を失ったりといった経験をしたことがあるかもしれない. このような動機づけに関わる心の働きについて理解しておくことは, 児童生徒の学びをサポートする際に役立つだろう.

この内的状態を示す用語には, 欲求, 要求, 動因といったものがあるが, ほぼ同じものと考えてよいだろう. また, 欲求・動因と誘因の組み合わせを動機と呼ぶが, この用語も欲求などと区別されず使われることも多い.

② 欲求(一次的欲求, 二次的欲求)

この過程のことを機能的自律性と呼ぶ.

人間を含め動物は, 生まれつき生命を維持しようとする欲求(一次的欲求, 基本的欲求)をもち, それに動機づけられている. このような一次的欲求による動機づけの過程で, たとえば他者より優れていると食べ物を獲得しやすいということや, 他者と仲が良ければ食べ物を分けてもらえるということを学習していく. その後, 一次的欲求を満たすための手段であった, 他者より優れることや他者と仲良くするということ自体が目的化し, 独立した欲求(二次的欲求, 社会的欲求)となる.

図1 マズローの欲求階層説

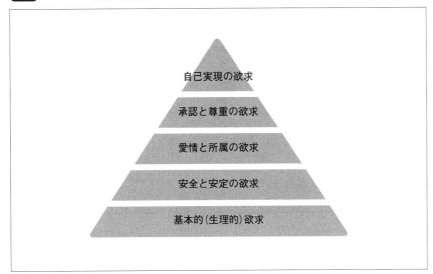

マズローの欲求階層説

このような人間の欲求について，人間性心理学者のマズロー（Maslow, A. H.）は，人間は飢え，渇き，睡眠といった生命維持に関わる基本的（生理的）欲求が満たされると，安全や安定の欲求を追求するようになり，それが満たされると愛情と所属の欲求，承認と尊重の欲求と，より高い水準の欲求を段階的に追求するようになり，最終的には自己実現をめざし成長することを求めていくという欲求階層説を示した（図1）．たとえば，何も食べるものがないときには，害があるかもしれない不確かなものを食べたり，争いになることを顧みず人から食べ物を奪ったりという行動をとるかもしれないが，十分に食べ物がある場合は，あえてそのような危険を冒そうとはしないだろう．

食べ物が手に入り，安全が確保されると，誰かと親しくなりたい，または多くの人とつながりをもちたいという欲求が生じ，集団（社会）の中で認められたいという欲求の段階へと進む．この段階までは足りないものを満たそうとする欲求（**欠乏欲求**）であり，ここまでの欠乏欲求が満たされて初めて最終段階である自己実現の欲求が生まれると考えられている．自己実現の欲求は，自分にできるかもしれないこと・したいことを実現し，理想的な自分になることをめざそうとする欲求（**成長欲求**）である．実際に自己実現の欲求を満たすことができる人は限られているが，自己実現を追求しようとすること自体が人間の成長という観点において重要であると考えられている．

マズローの
欲求階層説

人間性心理学とは，人間を主体性をもった自律的な存在と考え，人間を全体的に捉えようとする心理学の一学派であり，人間の成長や幸福への貢献をめざす心理学である．

葛藤(コンフリクト)

　日常生活を考えてみると，食事や睡眠といった一次的欲求に動機づけられた行動，友人と仲良くしたいという親和欲求に動機づけられた行動，他の人より優れていたいという達成欲求や，人に認められたいという承認欲求に動機づけられた行動など，さまざまな欲求を元にした行動が起こっている．場合によってはこれらの欲求が同時に起こり，どの欲求を満たす行動をとるのか悩むことがあるだろう．このように，どの行動を取るのか決められず悩んでいる状態のことを葛藤(コンフリクト)と呼ぶ．

　たとえば，友人のAさんと食事をするか，友人のBさんと遊びに行くか，どちらもやりたいことであって悩む(**接近＝接近の葛藤**)場合や，遊びに行きたいけど，試験前なので遊びに行ったら単位を落とすかもしれないと悩む(**接近＝回避の葛藤**)場合，アルバイトを辞めたいけれど，辞めたらお金に困ってしまうと悩む(**回避＝回避の葛藤**)場合などがある．これらコンフリクトはフラストレーションを生み出す一因である．

フラストレーション

　フラストレーションとは，動機づけの過程のなかで，欲求を満たそうとする行動が妨害されること(**欲求阻止**)と，欲求が満たされないことによって起こる不快な状態(**欲求不満**)の両方を統合する用語である．

防衛機制

適応機制とも呼ばれる．

　欲求不満の状態は，自我のバランスがうまく取れず不安定になっている状態であると考えることができる．この場合の最も合理的な行動は，欲求阻止の要因を取り除き，欲求不満状態を解消しようとする行動であるが，その行動がうまくいかなかった場合や欲求不満が強い場合，自我を守り安定させるため自動的に防衛機制と呼ばれる仕組みが働く．防衛機制はさまざまな方法で一時的に欲求不満状態を緩和しようとする(表1)．

表1 防衛機制の種類

防衛機制の種類	概要	例
抑圧	自分自身が受容できない負の感情や考えを意識から退け無意識のなかに押し込める	親に叱られたことを忘れてしまう. 虐待を受けたことを思い出せない
退行	現在の発達段階よりも明らかに未熟な行動・思考に戻る	うまくいかないことがあると年齢に見合わない子どもっぽい言動をとる(心理的に嫌なことのなかった過去に戻る)
同一化(同一視)	自分にとって重要な人の特徴を取り入れたり, 自分と同じであるとみなす	理想とする先生の考え方を真似する(自分も同じ資質があるように思える)
反動形成	抑圧された負の感情や考えとは正反対の行動をとる	怒りを感じている相手に優しく接する(本当は怒りを抑圧していて, 正反対の行動で相殺しバランスをとる)
逃避	葛藤を引き起こす不快な現実から逃げる	家族関係がよくないときに勉強に集中する(葛藤を引き起こさない他の現実に逃げる). 学校に行きたくないときに熱が出て寝込む(病気への逃避)
昇華	社会に受け容れられない衝動を価値のある行動に注ぐ	怒りのエネルギーをスポーツに打ち込むことに注ぐ
投射(投影)	他者に対してもっている自分自身のなかにある受け容れられない感情・考えを, その相手がもっていることとする	本当は自分がその人のことを嫌いなのに, その人が自分のことを嫌っているのだとする
合理化	葛藤を伴う行動を正当化するために, 社会に受け容れられそうな理由づけをする	(本当は欲しかったゲームが手に入らなかったときに)あのゲームは前評判も良くなかったし面白くないはずだ, と考える
補償	自分の劣っている部分や弱い部分を他の優れていることで補う	勉強は得意ではないからスポーツに力を注ぐ
打ち消し	ある行動に伴った負の感情を正反対の思考や行動で相殺する	(罪悪感を相殺するために)怒った相手に対して優しい言動をとる
隔離	望ましくない体験に伴う感情を体験の記憶から切り離す	約束をすっぽかしたことは覚えているけれど, そのときの罪悪感は忘れてしまう
否認	受け容れたくない現実を受け容れない	がんの宣告を受けたがそれを受け容れない
知性化	受け容れられない欲求・感情を, 知識を用いてコントロールする	大学受験に失敗したときに, その大学の倍率は高かったから落ちても仕方がなかったと考える

たとえば、チームスポーツにおいて自分のミスでチームが試合に負けた場合を考えてみよう。勝ちたいという欲求が充足せず、さらに自分のせいで試合に負けたという不快な状態に耐えられない場合、子どもっぽい言動をとったり（退行）、自分のミスで試合に負けたことを認めなかったり（否認）、誰かを攻撃することでその不快感を一時的に解消しようとしたり（攻撃）といった防衛機制が働くことがある。

防衛機制は心理的な安定を保とうとする正常な働きであり、一時的ではあるが不快感を減少させ、より合理的・建設的な思考や行動を起こしやすくするという役割がある。しかし、欲求不満状態になるたびに繰り返し同じ防衛機制が用いられて柔軟性がなくなったり、防衛機制が用いられても不快な状態が解消しなかったりすると、合理的問題解決の一歩を踏み出せず、現実の世界にうまく適応できない不適応の状態になってしまうこともある。

欲求不満耐性（フラストレーション耐性）

欲求不満耐性（フラストレーション耐性）とは、欲求不満の状態に耐えられる力や、欲求不満状態に対処する能力のことである。欲求不満耐性は経験・学習によって高めることができる。適度な強度の欲求不満状態を繰り返し体験することや、他者が欲求不満に対処する様子を見ることによって、我慢することを覚えたり、効果的な対処方法を学んだりすることができる。たとえば、教員が児童生徒の前で何か失敗したときは、気持ちを切り替えて再度挑戦したり、方法や目標を変えてやってみるという行動を示したりすることが、児童生徒の欲求不満耐性の獲得に役立つこともある。

♂自己決定理論

③ 自己決定理論（内発的動機づけ／外発的動機づけ）

自己決定理論とは、デシ（Deci, E.L.）とライアン（Ryan, R.M.）による内発的動機づけと外発的動機づけの研究から始まった、動機づけに関する一連の理論全体を統合する名称である。この理論においては、**自己決定感（自律性）**の欲求、**コンピテンス（有能さ、有能感）**の欲求、**関係性**の欲求という3つの欲求を重要視している。

自己決定感（自律性）とは、自分が自分の行動を制御し決定しているという感覚である。コンピテンス（有能さ、有能感）とは、自分がいる環境へ対応できる能力（適応能力）や環境に働きかけてよりよい方向に変えることができる能力、およびそのような能力を自分がもっているという自信（自己効力感）を含む用語である。また、関係性とは、他者とよい人間関係を築いている、他者と繋がっているという感覚を指す。

6つの自己決定理論

- -

　自己決定理論は発展を続けているが，現在までのところ，以下の6つの理論から構成されている(大芦，2019).
　①認知的評価理論(内発的動機づけの仕組みについて)
　②有機的統合理論(外発的動機づけにおける自律性の段階について)
　③因果志向性理論(自分の行動を決めているのは何であるかを認知する個人的傾向と動機づけとの関連について)
　④基本的心理欲求理論(自己決定理論で重要視されている3つの欲求である自律性・有能感・関係性への欲求の充足と精神的健康との関連について)
　⑤目標内容理論(どのような目標に向けて行動するかが精神的健康と心理的成長に与える影響について)
　⑥関係性動機づけ理論(先に挙げた3つの欲求の充足について親密な対人関係の質が与える影響について)
　この章では①の認知的評価理論と②の有機的統合理論の内容を取り上げる.

上淵 寿，大芦 治，編著『新・動機づけ研究の最前線』北大路書房．2019.

内発的動機づけ

　内発的動機づけとは，興味や好奇心といった，心から湧き上がる要因(内的要因)によって行動が起こる過程を指す．内発的動機づけによって起こる行動・活動はそれ自体が目的である．たとえば，ただそのことを知りたいから本を読むということや，面白そうだからゲームをやってみるということが内発的動機づけによる行動である．

外発的動機づけ

　外発的動機づけとは，心からやりたいと思っているわけではなく，誰かの指示や報酬・罰(外的要因)などによって行動が起こる過程を指す．外発的動機づけによる行動は，それ自体は何かを得るための手段である．たとえば，親に勉強するように言われたから勉強する(勉強することは親に叱られないための手段)ということや，よい成績をとるために勉強する(勉強自体は目的ではない)ということ，お小遣いをもらうために勉強するということが外発的動機づけによる行動である．

アンダーマイニング効果（過剰正当化効果）

　アンダーマイニング効果とは，もともと内発的に動機づけられていた行動に対して報酬を与えると，その内発的動機づけが弱まり，報酬がなければ行動が起こりにくい受動的な状態になることをいう．

　学習理論においては，行動が起こったら報酬を与えるという強化の随伴性がその行動の頻度を増加させることが示されており，このこととアンダーマイニング効果は矛盾しているように思えるかもしれない．しかし，アンダーマイニング効果が指し示すところは，本来報酬がなくても起こっていた内発的動機づけによる行動が，行動に対する報酬を経験した後には無報酬では行動が起こりにくくなるという，報酬経験後に無報酬を認知したときの行動変化についてであり，強化の随伴性と矛盾するものではない．

　アンダーマイニング効果が起こりやすいのは，報酬がお金や物といった物質的報酬のときや，報酬の予期・期待が起こったとき（行動の前に報酬が約束されるという経験をしたとき）であると考えられている．物質的報酬に対して，行動に対する言語的報酬（ほめること）ではアンダーマイニング効果は起こりにくいといわれている．この違いは，物質的報酬は他者によって制御されているという認知を生み出し，行動を決めているのは自分ではないという自己決定感（自律性）の低下が起こるためであり，言語的報酬は自律性への影響が少なく，コンピテンス（有能さ，有能感）を高めるためであると考えられている．

外発的動機づけの各段階

　内発的動機づけと外発的動機づけの違いには，先に述べた行動の要因が内的か外的かということのほかに，行動の価値または理由がどの程度自分自身の内的なものと一致しているかという内在化の度合いがある．たとえば，誰かに言われたからやる，ということが行動の理由（調整スタイル）であれば，自分の行動は自分が決めているのではない（自律性の度合いが低い）ので外発的動機づけとなり，自分がやりたいからやる，ということが行動の理由であれば，自分の行動は自分自身の考えで決定しているという，自律性に基づく内発的動機づけといえる．

　また，外発的動機づけであっても，自律性の度合いによっていくつかの段階が存在するとされている（**図2**）．たとえば，親に言われたから勉強を始めた（調整スタイル：外的）という，完全に外発的なものもあれば，「やりたくはないが成績が悪いと恥ずかしいから」と，消極的だが勉強することの価値を自分のなかに取り入れる（調整スタイル：取り入れ的）段階もある．また，「勉強は自分の人生を決める大事なことだからやる」と，自分にとっての勉強の重要性を認識し，積極的に勉強するようになったり（調整スタイル：同一視的），さらに，外的であった行動の理由が自分の価値観と融合して，抵抗なく自然に勉強する（調整スタイル：統合的）といった自律性の度合いが高い外発的動機づけも想定されている．同一視的調整スタイル・統合的調整スタイルによる外発的動

図2 自己決定理論における概念図

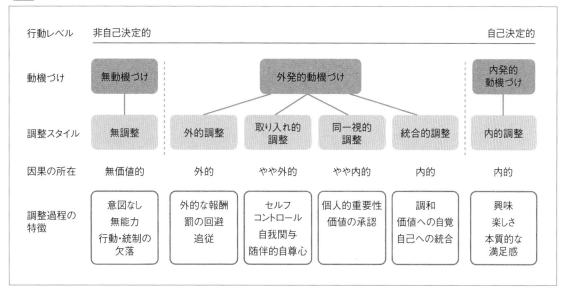

〔Ryan, R.M., Deci, E.L. Self-determination theory：Basic psychological needs in motivation, development and wellness. The Guilford Press. 2017./上淵 寿, 大芦 治, 編著『新・動機づけ研究の最前線』北大路書房. 2019.〕

機づけは他の調整スタイルによる外発的動機づけにくらべて自律性の度合いが高いので, 内発的動機づけと合わせて**自律的動機づけ**と呼ぶこともある.

　教育領域では外発的動機づけよりも内発的動機づけのほうが優れていると捉えられる傾向があるように思われるが, 自律的動機づけに含まれる外発的動機づけのように, 外的要因によって動機づけられたものだとしても, 行動の価値が内在化することによって, 内発的動機づけと遜色なく, 自分自身が主体となって行動を起こすことができるようになると考えられる.

自律性支援

　外発的動機づけの内在化を促進する自律性支援として, 支援する側の以下の3つの言動が重要な要因であるとされている. ①その個人にとって意味のある行動の理由を伝えること. ②求められている行動とそれに対する本人の気持ちの間にある葛藤について理解していることを伝えること. ③ ①と②を伝えるときに, プレッシャーをかけたりコントロールしようとしたりする言葉がけではなく, その個人がどうするかを選択できるという感覚がもてるような伝え方をすること.

　教育場面では, ①はたとえば「勉強することを通じて身につけられる考える力や, 新しいことを覚える技術は一生役に立つと思うよ」といった言葉がけのように, なぜ勉強をする必要があるのかということを各児童生徒が納得できる形で伝えることであろう. ②については, 「勉強をするよりも楽しいことがたくさんあるのに, なぜ多くの時間を割いて勉強しなければいけないのかと思っ

て，勉強をしたくない気持ちはわかるよ」といったような，勉強に対するその児童生徒の気持ちを汲み取って伝えることであろう．③については，「今勉強しておかないと，後で困るよ」や，「今すべきことは勉強だよ」といったプレッシャーをかけたり指示したりする言葉がけではなく，前述の①，②のような，それを聞いて勉強するかどうかを決める余地が自分にあると受け取られるような言葉がけであろう．また，このような関わりを通じて，児童生徒は教員に対する関係性の欲求が充足され（よい人間関係が構築され），さらに外発的動機づけの内在化が促進されることが考えられる（上淵，2019）．

上淵 寿，大芦 治，編著『新・動機づけ研究の最前線』北大路書房．2019．

④ 原因帰属

原因帰属とは，ある行動・結果の原因は何なのか推測することを指す．たとえば，「試験の成績が悪かったのは自分が勉強しなかったからだ」と原因帰属する人もいれば，「試験の成績が悪かったのは自分の頭が悪いからだ」と原因帰属する人もいるだろう．どのような原因帰属を行うのかによって，その後の行動に影響が現れる．動機づけと原因帰属の関係についてみていこう．

 学習性無力感

学習性無力感

セリグマン（Seligman, M.E.P.）とマイヤー（Meyer, S.F.）はイヌを被験体として，電気ショックという不快な出来事に対するこれまでの経験が，その後の行動に与える影響についての実験を行った．その結果，スイッチを押すことで電気ショックを止めることができるという経験を以前にしたことがあるイヌは，その後新しい環境において電気ショックを受けた場合にもそれを避けようとする行動を取った．しかし，電気ショックは何をしても止められないということを経験したイヌは，その後，電気ショックを避ける手段がある環境に置かれても，電気ショックを避けようとする行動は起こらなくなることがわかった．

このように，何をしても状況を変えることができないということを学習したことによって，状況を変える可能性がある場面においても行動が起こらなくことを指して学習性無力感と呼ぶ．これは，自分の行動と，それに伴う結果には関係がない（行動を起こしても結果は変わらない）というものの見方（**非随伴性認知**）が形成されることで起こると考えられる．

学習性無力感に影響を与える要因

　ダイナー(Diener, C.I.)とドゥエック(Dweck, C.S.)は教育場面を想定した学習性無力感についての実験を行った．実験の参加者は小学生で，自分の成績が悪いのは努力不足や，やり方の間違いのためだと考える子どもたちと，成績が悪いのは能力がないからだと考える子どもたちに分けられた．その後，正解のわからない課題を行わせたところ，成績の悪さを努力不足ややり方の間違いに帰属する子どもは，正解を見つけ出そうと努力し課題を続けるが，成績の悪さを能力不足に帰属する子どもたちは，結果が見えない場合すぐに諦めて適当に課題を行うようになるということがわかった．

　これは，自分がコントロール可能なもの(努力やスキル)に原因帰属している人は，たとえ結果が見えなかったり，そのときによい結果が出ていなくても，自分はこれから結果を変えることができると考える(行動と結果の随伴性を信じている)ので，行動を継続することに肯定的な気持ちをもつことができるが，自分ではコントロール不可能なもの(頭のよさや能力)に原因帰属している人は，そのときの結果が望ましいものではなかったり，結果が見えない場面では，自分の力では結果に影響を与えることができない(行動と結果は随伴していない)と考え，「やっても仕方がない」というような，行動することに対して否定的な気持ちをもつようになり，行動が起こらなくなるということである．

　その後，ドゥエックは，学習性無力感に陥った子どもたちから無力感を取り除く方法を示した．1つは，成功経験を積み重ねて自信をもたせるということで，もう1つは，わざと失敗を経験させ，やり方がよくなかったから失敗したのだという点を強調して伝え，コントロール可能なものに原因帰属を修正させることである．この方法はその後，間違った原因帰属によって不適応状態になっている人に対して，望ましい原因帰属に修正し適応へと導く**帰属療法**へと発展していく．

自己効力（自己効力感）

♂自己効力感

　バンデューラ(Bandura, A.)は，ある物事への対処がうまくできると自分自身が信じている(期待している)ことを指して自己効力(自己効力感)と名づけた．

　学習性無力感の項目で扱った行動と結果の随伴性は，たとえば，「努力すれば成績が上がる」という，行動と結果の関係性を信じているかどうかということであった．それに対して自己効力感とは，自分は「努力して成績を上げることができる」と信じているかどうかを指す用語である．自己効力感が高いとは，自分はできると考えているということを指し，自己効力感が低いとは，自分にはできないと考えているということである．自己効力感の高低は動機づけに大きな影響を与えると考えられている．つまり，自己効力感が高ければ，自分にはできると考えているので，努力が継続し，自己効力感が低ければ無気力になりがちということである．

自己効力感に影響を与えているのは①達成や成功の体験，②成功している他者の行動の観察（代理的体験），③信頼できる他者による言語説得であるとしている．①について，成功する体験を積み重ねると自己効力感が高まることはわかるだろう．②については，特に自分と年齢・経験・境遇といった属性が似ている人が成功する様子を見ることで，自分自身の自己効力感も高まるということである．③は，自分の行動について信頼している人から励ましを受けたり認められたりすると自己効力感が高まるということである．この点については，自分自身が「自分はできる」と考えたり言葉に出したりすることも同様に有効であると考えられている．

● 文献
• 上淵 寿，編著『動機づけ研究の最前線』北大路書房．2004.
• 上淵 寿，大芦 治，編著『新・動機づけ研究の最前線』北大路書房．2019.
• 佐治守夫，水島恵一，編『臨床心理学の基礎知識』有斐閣．1974.
• 宮本美沙子，奈須正裕，編『達成動機の理論と展開―続・達成動機の心理学』金子書房．1995.

事例

勉強する理由を見失った児童生徒への対応

- -

　Aさんは最近成績が下がってきていて，クラスでの表情も冴えない．話を聞いたところ，将来のことを考えると，このまま勉強を続けていったらいいのか，それとも他の選択肢があるのか，よくわからなくなり勉強に集中できなくなってしまったとのことであった．

　進路を考えることも大事だが，悩みが長引き，このまま学力が低下していくのは望ましくないと考えた．そこでまず，自律性支援の考え方を基に，「今勉強していることが将来につながるのか疑問に思う気持ちはよくわかる」，「勉強を通じて，努力することや効果的な時間の使い方を身につけておくことは，将来どんなことをするにしても役に立つと思う」といった言葉がけをしつつ，本人が納得できる勉強継続の理由を見つけられるよう面談を繰り返した．また，自己効力感の低下も感じられたので，昔，同じ時期に同じような悩みをもっていた児童生徒が，その後どのような進路を見つけ今活躍しているか，という話をしたり，面談を繰り返して信頼関係ができたころに「Aさんなら必ず本当に自分がやりたいことを見つけてそのために努力を続けられると思う」という言葉がけも行っていった．

　その後，まだ将来何をしたいのかは漠然としているが，今は勉強することが必要であることに納得し，また，自己効力感も高まったのか，継続して努力することができるようになった．

12 教育評価

① 教育評価の目的と歴史

教育評価の目的

学校教育場面における「評価」というと,「試験」や「成績」といったことが連想されるのではないだろうか. しかしそれは一部の側面でしかなく, 現代における**教育評価**という用語は, より広範囲な意味をもっている.

梶田(2010)は「教育評価はもともと, 子どもにどの段階から学習を始めさせればよいのかということの決定と, 教育の成果はどの程度のものであるかということの確認を中心に行われてきた. しかし現在では, この言葉が広義において用いられることが多く, 教育活動と直接的あるいは間接的に関連した各種の実態把握と価値判断のすべてが含まれると考えてよい」と述べている. すなわち, 現在では, 学習者の側だけではなく, 教育を実践する教師や, 学校教育を運営する教育機関, あるいはそれを支援する機関といったあらゆる側面における評価を含んでいるものである. そこでは, それぞれの目的に沿った評価を適切に行うことで, 教育活動全体をより良いものにしていくことが重要となる.

橋本(1976)は, 教育評価の目的として以下の4点を挙げている.

指導目的

教師が事前に学習者の準備状態を把握し, 自らの指導法や目標の決定に役立てる. またそれだけではなく, 教育活動の途中や最後に評価を行うことで, 自らの指導法の有効性に関する情報のフィードバックを得ることができる(本章「評価の時期」参照).

学習目的

学習者に対して評価情報をフィードバックすることで, 自己評価を行い, 自身の学習活動を調整することができる. 自身の学習内容における得意／不得意を正確に理解し, 成績向上をめざした改善を図るという目的である.

梶田叡一.『教育評価　第2版補訂2版』有斐閣. 2010. p.1.

橋本重治.『新・教育評価法総説』金子書房. 1976.

管理目的

入学試験における選抜やクラス分けによる人員配置，そして大学での単位認定や卒業後の成績証明などのために測定・評価することであり，管理する立場での評価である．

研究目的

学習者の実態の把握，学習者への指導効果の分析や検証といった研究手法による評価を通して，学校における教育目標や指導計画や指導法の改善を行うものである．

この4点以外にも，近年では学校がその教育成果を地域や保護者に対して説明・証明するための「アカウンタビリティ（説明責任）」を目的とする評価もある．

教育評価の歴史

20世紀初頭，ソーンダイク（Thorndike, E.L.）を中心とした教育測定運動により，客観的なテスト法の開発が行われるようになった．ソーンダイクは「全て存在するものは，何らかの量において存在する」とし，学力や知能は量的に測定することができると主張した．この運動により，数多くの心理検査や学力テストが作成され，普及していくこととなった．

しかし，1930年代になると，タイラー（Tyler, R.W.）が**エバリュエーション**（**evaluation**）という概念を提出し，子どもの能力を「測定すること」に偏った教育測定運動を批判した．タイラーは，カリキュラムの編成に当たり，どのような目標を設定し，その達成のためにどのような学習経験を選択し，その学習経験はどのように組織され，どのようにその効果を評価するのかを検討するべきであるとする**タイラーの原理**を提唱した．これにより，単に子どもの能力を測定し，区別し序列化をするのではなく，目標設定から評価までの過程を通して，教育的な実践の改善と修正が行われることになった．

日本では，戦前から教師の主観的な評価（認定評価）が行われてきたが，戦後になると上述のエバリュエーションの概念が導入され，指導要録において**相対評価**が採用されることとなった．1970年代になると相対評価に対する批判から，設定された学習上の目標にどの程度到達しているかを評価する**到達度評価**の重要性が認識されるようになった．1980年には指導要録に観点別学習状況の欄が新設され，2001年の指導要録改訂では目標に準拠した評価が導入された．

相対評価

目標に準拠した評価
→p.129

② 評価の基準

相対評価

相対評価とは，特定の集団における序列や位置を評価する方法である．その解釈は集団基準で行われるため，集団準拠評価とも呼ばれる．相対評価の示し方としては，順位，段階評価，偏差値などがある．たとえば，5段階評価を行

う場合，正規分布(本章「評価に用いる統計の基礎」参照)が仮定できれば，1と5の成績となる人数はそれぞれ全体の7%，2と4はそれぞれ24%，3は38%となる．

　相対評価は，集団内での位置を知ることができるだけでなく，客観的な評価をすることができるため，選抜などには適しているという長所がある．しかし，集団内の他者と比較することで評価が定まるため，競争心を助長することもある．また，所属集団によって評価が変わることがあるため，目標を達成しているかどうかが明確になりにくいだけでなく，どのくらい自身が成長しているのかが反映されにくいという短所も考えられる．これらのことにより，児童生徒の動機づけが低下する可能性もある．

事例

所属集団が違うと評価が違ってくる

- -

　Kくんは小学校時代から地元のバレーボールチームに所属し，チームの中心として活躍した．中学校でバレー部に所属してからも実力を伸ばし，3年生の時はセンターのポジションでチームを県大会上位まで引っ張っていった．そのため，Kくんは自分自身を「全国で活躍できるすごい選手だ」と考えていた．

　中学校卒業後，Kくんはバレーボール強豪校の高校に進学し，バレー部に入部した．そこはさまざまな中学校から精鋭が集められたチームで，全国大会の常連校であった．期待を膨らませて練習に参加したKくんであったが，新1年生として入部したチームメイトは皆レベルが高く，Kくんはなんとか練習についていくのがやっとという状態であった．それでも懸命に練習を重ねていったが，他のチームメイトとのレベルの差は思うように縮まらず，練習試合でも試合に出ることができなかった．Kくんは「自分は大した選手じゃなかったんだ」と落ち込み，少しずつ練習に参加しなくなっていった．そして高校2年生になると，部活を辞めてしまった．

目標に準拠した評価

相対評価と対比して用いられるのが**絶対評価**であるが，この用語は本来，戦前の考査のような教師の主観的な認定評価のことを意味する（田中，2008）．2001年の指導要録改訂以降，今日では「目標に準拠した評価」という，ある一定の教育目標の評価基準を明確に立てたうえで，それに対してどの程度到達したか（到達度）を評価する方法が採用されている．

目標に準拠した評価の場合，相対評価のように人数による制限は必要ない．たとえば，「縄跳びの二重跳びを〇〇回飛べたら合格」とすると，クラスのほとんどすべての生徒が合格する，ということもあり得る．このように，この評価に当たっては他人と比較する必要がないため，自身の努力に伴う目標の到達の度合いが明確になる．しかし，相対評価に比べて評価の客観性の保証が難しい，集団内での位置がわかりにくいといった短所もある．

個人内評価

学習者個人の進歩や変化を評価することを個人内評価という．個人内評価のうち，**縦断的個人内評価**とは，個人の過去と現在の成績を比べて，どの程度変化しているのかを評価するものである．たとえば，1学期には40点であった成績が，2学期には70点まで上がっていることを評価する．

また，たとえば，音楽は苦手だが絵を描くのは上手であるといったように，特定の時点で複数の教科の成績を比較することで，どの教科が得意／不得意なのかを評価する方法を**横断的個人内評価**と呼ぶ．この評価は個人を基準にするため，その個人が何は得意でどの程度成長したのかを明確にすることができる一方で，評価基準が個人の主観的な部分に限定されるため，客観的な評価ができていない可能性もある．

③ 評価の時期

ブルーム（Bloom, B.S.）ら（1973）は，教育評価を時期によって以下の3つに分類した．

診断的評価

診断的評価とは，教育活動の前に行われる評価である．事前に学習者の学力や準備状態を確認することで，これから始める教育の内容や教授法の選択に役立てることができる．たとえば，授業開始前に英語能力テストを実施することで，その得点により受講者を難易度別クラスに分けることができる．

形成的評価

教育活動の途中で行われる評価を形成的評価という．その時点での学習者の

♂ **絶対評価**

田中（2008）によると，この絶対評価と認定評価は区別されるべきであるが，現在ではそれらの意味を混同して絶対評価という言葉が使用されている．

田中耕治，『教育評価』岩波書店，2008.

ブルーム，B.S.，ヘスティングス，J.T.ら．翻訳：梶田叡一，渋谷憲一ら『教育評価法ハンドブック—教科学習の形成的評価と総括的評価』第一法規出版，1973.

ブルームは，自身の教育目標の分類学と評価理論に基づき，すべての学習者が目標を達成することをめざす完全習得学習（マスタリー・ラーニング）を提唱した．

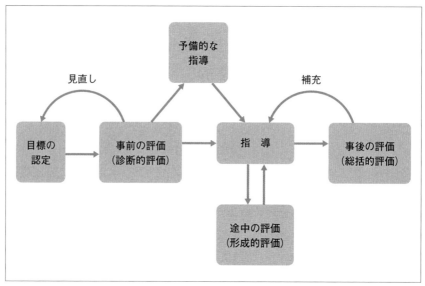

図1 単元の指導と評価の関係

〔南風原朝和. 第9章 教育評価の技法. 著：子安増生, 田中俊也ら.
『ベーシック現代心理学6 教育心理学 新版』有斐閣. 2003. p.184.〕

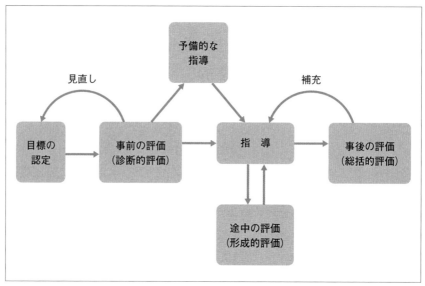

南風原朝和. 第9章 教育
評価の技法. 著：子安増生,
田中俊也ら.『ベーシック現
代心理学6 教育心理学 新
版』有斐閣. 2003.

理解度や進捗度を把握することにより，それ以降の教育目標や指導方法の調整あるいは修正が行われる．具体的には，小テストや行動観察，質問，作品やノートなど，教育内容に対応した方法により評価する．この評価を行うことにより，直接的に後の教育活動の改善につなげることができる．これを**指導と評価の一体化**と呼ぶ．

総括的評価

　教育活動の最後に，学習の目標に到達したかどうかを評価するのが総括的評価である．最終的な目標の到達度を明確にするために，試験形式で行われることが多く，成績の評定や単位の認定にも使用される．学期末や単元末に行われる試験が，その代表例である．この評価の結果は，次の教育活動の内容や指導方法の改善に活用することができる．

　図1に1つの単元における指導と評価の関係を示した．上記の3つの評価は，1つの単元において実施されるが，それらの情報は見直しや補充を繰り返しながら，次の授業や単元においても活用されていく．

図2 評価方法の分類

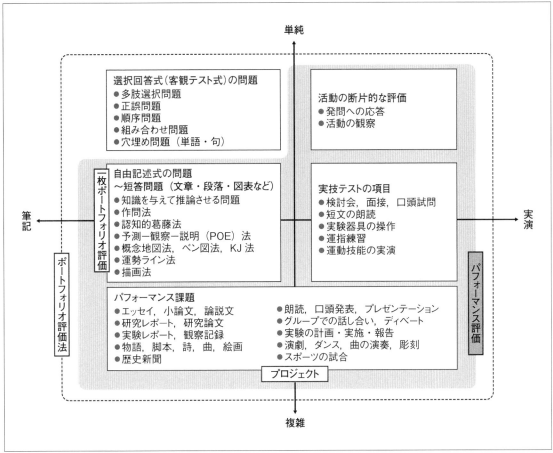

〔西岡加名恵. パフォーマンス課題の作り方と活かし方. 編著：西岡加名恵, 田中耕治『「活用する力」を育てる授業と評価　中学校』学事出版. 2019. p.9./西岡加名恵. 学力評価の方法の分類. 編集：田中耕治『よくわかる教育評価　第2版』ミネルヴァ書房. 2010. p.76.〕

④ 評価の方法

　評価の方法について, 西岡(2010)は, **図2**のように分類している. ここでは, 評価方法を単純−複雑の次元に並べ, さらにそれを筆記による評価と実演による評価に分類している. 最も単純なものは, 筆記では選択回答式(客観テスト式)の問題であり, 実演では発問への応答や活動の観察といった活動の断片的な評価である. 少し複雑になると, 筆記では自由記述式の問題, 実演では実技テストが挙げられている. そしてパフォーマンス課題(後述)は, 最も複雑な評価として位置している.

　1990年代後半からわが国で重視されるようになった**真正の評価**に基づく比較的新しい方法としては, パフォーマンス評価とポートフォリオ評価が挙げられる.

西岡加名恵. 学力評価の方法の分類. 編集：田中耕治『よくわかる教育評価　第2版』ミネルヴァ書房. 2010. p.76-7.

真正の評価

いわゆる標準テストでは評価することができない, 実生活のなかで起こる現実に即した課題をシミュレーションしながら評価することである.

図3 学力の氷山モデル

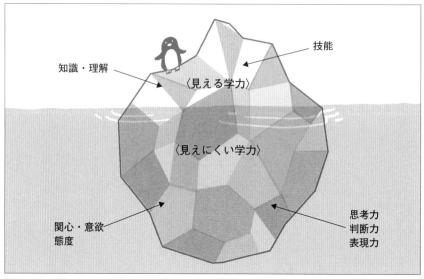

知識・理解

技能

〈見える学力〉

〈見えにくい学力〉

関心・意欲
態度

思考力
判断力
表現力

〔梶田叡一.『教育における評価の理論Ⅰ 学力観・評価観の転換』金子書房. 1994. p.86.〕

パフォーマンス評価

　たとえばプレゼンテーションや研究レポート作成，絵画やスポーツの試合などの特定の課題を用いて，それに対するパフォーマンスを評価する方法である．課題を遂行する過程において，学習者が持ち得る知識や技能などを活用し，現実場面における問題解決を求めていく．パフォーマンス課題の評価では，評価基準を明確にするため，**ルーブリック(評価指標)**による段階的な評価基準表を用いることが重要である．

ポートフォリオ評価

　学習者が作成した成果物や記録などの資料を個人ごとに収集し，そのプロセスを評価する方法である．これはテストで数値化することが難しい個人の学習プロセスを重視するものであり，個人内評価や自己評価に役立てることができる．ポートフォリオ検討会では，教師と学習者との対話を通して，これまでの蓄積された作品から学習を振り返り，到達点を確認し，後の目標設定を行っていく．

ルーブリックとは評価基準表のことであり，その表は学習の到達度を示す段階的な尺度(評価尺度)と，学習により育成される資質や能力(評価観点)と，尺度の各段階での特徴を示した記述(評価基準)により構成される．

小野瀬雅人. 評価. 編著：佐藤泰正，海保博之ら．『教育心理学』学芸図書. 2002.

梶田叡一.『教育における評価の理論Ⅰ 学力観・評価観の転換』金子書房. 1994. p.86.

⑤ 学力

　学力とは，「学校における教科学習により獲得された力」である(小野瀬，2002)．梶田(1994)は，学力を氷山に喩えて見える学力と見えにくい学力に分類した(**図3**)．ここでの見える学力とは，知識・理解と技能であり，見えにく

表1 「見えにくい学力」の評価技法

評価技法	内容
質問紙法	質問項目について筆頭による解答を求める方法
評定法	行動や事象を数直線等の一次元上に順序をつけ並べる方法
評定尺度法	順序づけられた2～7段階尺度で行動や事象の主観的評価を行う方法
ゲスフーテスト	集団内の個人の行動特性を「元気な子はだれ」のように問うテスト
チェックリスト	観察したい行動特性(例：活動性)の有無を○×式で問うテスト
客観式テスト	だれがいつ採点しても同じ結果が得られるように工夫されたテスト
論文体テスト	「○○について論ぜよ」形式で文章表現により回答させるテスト
問題場面テスト	教科書にない問題解決場面を材料としたテスト

〔小野瀬雅人. 評価. 編著：佐藤泰正, 海保博之ら. 『教育心理学』学芸図書. 2002.〕

表2 評価の観点に対応した評価技法

評価の観点	評価技法
関心・意欲・態度	質問紙法　論文体テスト　ゲス・フー・テスト　チェックリスト法
思考・判断	問題場面テスト
技能・表現	客観式テスト　チェックリスト法　評定尺度法
知識・理解	客観式テスト(単純再生法, 選択法, 組み合わせ法, 選択組み合わせ法, 真偽法, 訂正法, 完成法)　論文体テスト
鑑賞	チェックリスト法　評定法　質問紙法

〔小野瀬雅人. 評価. 編著：佐藤泰正, 海保博之ら. 『教育心理学』学芸図書. 2002.〕

い学力とは，思考力・判断力・表現力と関心・意欲・態度である．学力は氷山のように見える部分と見えにくい部分で構成されるが，見えにくい部分がしっかりしていないと見える部分も不完全になってしまうことを表している．

　小野瀬(2002)は，この見えにくい学力の評価技法を**表1**，当時の評価の観点に対応した評価技法を**表2**で示した．これらから，見えにくい学力は客観式テストでの評価が難しいため，それ以外の評価技法を効果的に用いるべきであることがわかる．

　2010年度版指導要録では，観点別評価として①関心・意欲・態度，②思考・判断・表現，③技能，④知識・理解の4観点が挙げられていたが，2019年版指導要録では，従来の関心・意欲・態度は「主体的に学習に取り組む態度」と変更され，技能と知識・理解の2つは「知識・技能」としてまとめられた(文部科学省, 2019)．現代の観点別学習状況評価の概要を**図4**に示す．前述の氷山モデルにおける見えにくい学力とは，現在では主体的に学習に取り組む態度と思考・判断・表現であり，それらの学力の評価は先述のパフォーマンス評価やポートフォリオ評価などさまざまな技法を用いてより多角的・多面的に行う必要がある．

文部科学省，小学校，中学校，高等学校及び特別支援学校等における児童生徒の学習評価及び指導要録の改善等について(通知)平成31年3月29日

図4 観点別学習状況評価の概要

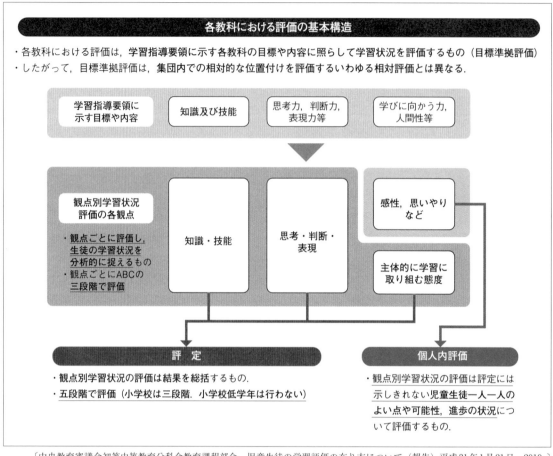

各教科における評価の基本構造

・各教科における評価は，学習指導要領に示す各教科の目標や内容に照らして学習状況を評価するもの（目標準拠評価）
・したがって，目標準拠評価は，集団内での相対的な位置付けを評価するいわゆる相対評価とは異なる.

| 学習指導要領に示す目標や内容 | 知識及び技能 | 思考力，判断力，表現力等 | 学びに向かう力，人間性等 |

観点別学習状況評価の各観点

・観点ごとに評価し，生徒の学習状況を分析的に捉えるもの
・観点ごとにABCの三段階で評価

知識・技能

思考・判断・表現

感性，思いやりなど

主体的に学習に取り組む態度

評 定

・観点別学習状況の評価は結果を総括するもの.
・五段階で評価（小学校は三段階. 小学校低学年は行わない）

個人内評価

・観点別学習状況の評価は評定には示しきれない児童生徒一人一人のよい点や可能性，進歩の状況について評価するもの.

〔中央教育審議会初等中等教育分科会教育課程部会. 児童生徒の学習評価の在り方について（報告）平成31年1月21日. 2019.〕

中央教育審議会初等中等教育分科会教育課程部会. 児童生徒の学習評価の在り方について(報告)平成31年1月21日. 2019.

　また学力は，知能検査によって測定される知能指数(第7章参照)との間に関連性があるとされるが，必ずしも同じ方向になるとは限らない. たとえば知能指数は高いが，学力は低いという児童生徒も少なからず存在する. このように，知能指数から推定される学力よりも下回る者を**アンダーアチーバー**と呼び，逆に，推定される学力よりも高い学力を示す者を**オーバーアチーバー**という. これらの原因としては，学習者を取り巻く環境的要因や，性格特性のような個人的要因が考えられる.

⑥ 信頼性と妥当性

　適切な教育評価を行うために，評価の信頼性と妥当性という考え方が必要となる.

信頼性

　評価結果が，どの程度安定しているかが信頼性である. 具体的には同じ人物に同じテストを実施したときに，近い結果になるかどうかといったテストそのものの信頼性である. また，同じ評価者が同じ人物を複数回評価したときに近い結果になるかどうか，そして，同じ人物に対して別の評価者が評価して近い結果になるかどうかといった評価する側の信頼性も検討されるべきである.

妥当性

　妥当性とは，評価したいものを正しく評価できているかどうかである. たとえば，運動能力を評価したい場合に，筋力だけを測定・評価しても正しい運動能力の評価とはならず，妥当性が低いということになる. 妥当性には，**構成概念妥当性**，**基準関連妥当性**，**内容的妥当性**などがある.

⑦ 評価に用いる統計の基礎

代表値と散布度

　データの分布の中心を表す値を**代表値**という. 代表値には，**最頻値**(度数が最も多いデータの値)，**中央値**(データを小さいものから並べたとき，中央に位置するデータの値)，**平均値**(全データの値を合計し，データの数で割った値)がある. このうち平均値は，極端に大きい／小さい値(外れ値)の影響を強く受けるため，分布の両端にあるデータを同じ数ずつ除外したうえで算術平均を求める調整平均が用いられることもある.

　散布度とは，データがどの程度散らばっているのかを表す指標である. たとえば，クラスにおけるテスト成績の散布度は，得点の個人差がどのくらい大きかったかを表すことになる. 各データと平均値との差を2乗し，全データについて平均化したものを**分散**という. この分散の平方根が**標準偏差**である. 標準偏差は，得られたデータの尺度上で分布の散らばりを表すことから，平均値とセットで求められることが多い.

構成概念妥当性とは，そのテストが評価しようとしている構成概念(内的構造)を正しく測定できているかどうかである.
基準関連妥当性とは，そのテストと似ている，あるいは異なる構成概念を評価する別のテストとの関係性が，理論に合致しているかどうかである.
内容的妥当性とは，そのテストの項目が，評価しようとしている構成概念を過不足なくカバーできているかどうかである.

図5 正規分布における偏差値と5段階評価

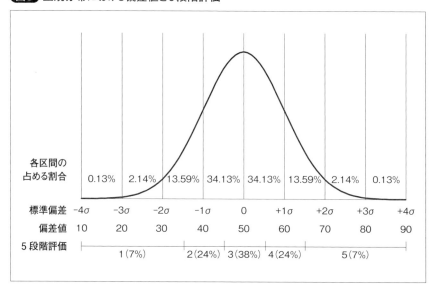

正規分布と偏差値

　データの数が多くなると，平均値周辺にデータが多く，平均値から離れるとデータが少なくなるという釣鐘状の分布に近づいていく．この分布は，**正規分布**と呼ばれる（図5）．得られたデータが正規分布に従う場合，たとえば平均値から1標準偏差分だけ大きい／小さい範囲にあるデータは，理論上それぞれ全体の34.13%となる．**偏差値**は，この正規分布を前提とし，データ全体の中で相対的にどの位置になるのかを表す際によく用いられる．偏差値は，平均50，標準偏差10となるようにデータを変換し，その得点が平均からどの程度高い／低いのかを以下の式で示したものである．

$$偏差値 = \frac{(得点 - 平均値)}{標準偏差} \times 10 + 50$$

● 計算してみよう

あるテストの得点が正規分布に従うとして，平均値52点，標準偏差14であった場合，73点を取った人の偏差値を計算してみよう．（正解は次ページ）

相関係数

　相関係数とは，2つの変数間の直線的関係性の強さおよび方向を表す指標である．たとえば，身長と体重との間にはどのような関連があるのか，などを検討する際に有用な指標となる．**相関係数（r）** は−1から+1までの範囲に収まり，その絶対値の大きさが関係の強さを表す．また，一方の変数の値が大きくなるともう一方も大きくなるという関係にある場合を**正の相関**と呼び，**負の相関**はその逆の関係となる．相関係数による散布図の違いを**図6**に示した．これらの散布図が示すように，正の相関は右上がり，負の相関は右下がりとなり，1（もしくは−1）に近づくと直線に近づいていく．

図6 相関係数（*r*）による散布図の違い（仮想データ）

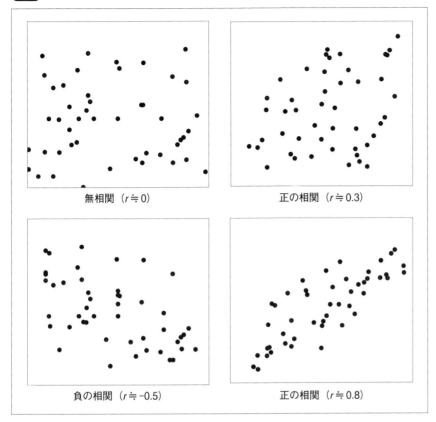

無相関（*r* ≒ 0）

正の相関（*r* ≒ 0.3）

負の相関（*r* ≒ -0.5）

正の相関（*r* ≒ 0.8）

● 文献

- 梶田叡一. 『教育評価　第2版補訂2版』有斐閣. 2010.
- 橋本重治. 『新・教育評価法総説』金子書房. 1976.
- 田中耕治. 『教育評価』岩波書店. 2008.
- ブルーム, B.S., ヘスティングス, J.T.ら. 翻訳：梶田叡一, 渋谷憲一ら『教育評価法ハンドブック―教科学習の形成的評価と総括的評価』第一法規出版. 1973.
- 南風原朝和. 第9章　教育評価の技法. 著：子安増生, 田中俊也ら『ベーシック現代心理学6 教育心理学　新版』有斐閣. 2003.
- 西岡加名恵. パフォーマンス課題の作り方と活かし方. 編著：西岡加名恵, 田中耕治『「活用する力」を育てる授業と評価　中学校』学事出版. 2019. p.9.
- 西岡加名恵. 学力評価の方法の分類. 編集：田中耕治『よくわかる教育評価　第2版』ミネルヴァ書房. 2010. p.76-7.
- 小野瀬雅人. 評価. 編著：佐藤泰正, 海保博之ら『教育心理学』学芸図書. 2002.
- 梶田叡一. 『教育における評価の理論Ⅰ 学力観・評価観の転換』金子書房. 1994.
- 文部科学省. 小学校, 中学校, 高等学校及び特別支援学校等における児童生徒の学習評価及び指導要録の改善等について（通知）平成31年3月29日. 2019.（https://www.mext.go.jp/b_menu/hakusho/nc/1415169.htm）（最終閲覧：2023年8月7日）
- 中央教育審議会初等中等教育分科会教育課程部会. 児童生徒の学習評価の在り方について（報告）平成31年1月21日. 2019.（https://www.mext.go.jp/component/b_menu/shingi/toushin/__icsFiles/afieldfile/2019/04/17/1415602_1_1_1.pdf）（最終閲覧：2023年8月7日）

> **答え**
>
> p.136の「計算してみよう」の正解は65.

13 学級集団

学習のポイント

1. 集団としての学級の特徴や役割を理解しよう.
2. 学級のなかでの児童生徒の行動や心理について学ぼう.
3. 教師が,どのように児童生徒の行動や心理に影響を与えるのか学ぼう.

≫ 学級集団の特徴と役割

① 集団としての学級

集団とは,一定期間,関係を継続する人々が,共通の目的や目標に向かって,協力し合う人間の集合体である.集団は,地位,立場,役割,階層などの社会的構造をもち,外部との境界が成員によって意識されるものである.社会的動物といわれる人間は,さまざまな集団に属し,社会生活を営んでいる.そして,集団のなかの個人の行動や心理は,集団の他の成員や集団の特徴などから,さまざまな影響を受けている.

学校に通う児童生徒は,1日の約1/3を学校で過ごしており,学校での教育活動の多くは,**学級**を単位として行われる.学級は,1年から最長6年間,知的発達と人格形成の促進を目的に,大人と子どもで構成され,それぞれ教師と児童生徒という役割や立場を与えられた集団である.つまり,児童生徒にとって学級は学校における基礎的な所属集団である.そのため,学級が,児童生徒

集団は,信号待ちのように一時的に同じ空間に人々が集まっている群衆とは区別される.

【集団ではない集まり】

【学級という集団】

<h2 style="text-align:center;">メタ分析とは</h2>

- -

　同じ研究テーマとして実施された複数の研究の結果を統合する統計的分析手法である．この手法により，個々の研究を超えて，研究テーマの結果がどれくらい信頼できるものなのか，どれくらいの影響力をもっているのかなど知ることができる．ハッティ(Hattie, J., 2018)は，教育心理学のさまざまなテーマについてメタ分析を実施した研究をさらに統合して，児童生徒の学力などに何が重要なのかを報告している．たとえば，近年のメタ分析などを用いた研究では，児童生徒の学力に与える影響は，学校間の違いよりも学級間の違いのほうがはるかに大きいことが報告されている．

ジョン・ハッティ，監訳：山森光陽『教育の効果―メタ分析による学力の影響を考える要因の効果の可能性』図書文化．2018．(Hattie, J. Visible Learning：A Synthesis of Over 800 Meta-Analyses Relating to Achievement. Routledge. 2008.)

の知的発達や人格形成に与える影響は非常に大きく，学級経営を担う教師にとって，学級という集団の特徴や機能，その影響の理解は必要不可欠である．

② 学級集団の様相

　集団は，形成過程や特徴などから，さまざまな下位集団に分類される多重構造をもっている．

公式集団と非公式集団

　学級とは，学校が公的な制度に基づいて意図して形成した集団である．さらに学級内には，所定の手続きを通じて学級運営や教育活動に必要となる係や班などの下位集団が形成される．このような制度的に組織化された集団を公式集団という．他方で，学級でのさまざまな活動を通じて児童生徒の関係が深まるにつれ，学級のなかには，価値観や趣味の類似性などから自然発生的に仲のよい集団が形成される．このように自然発生的に形成される集団を非公式集団という．

成員性集団と準拠集団

　児童生徒は学校内において，学級だけでなく部活動など，成員が大きく異なる複数の集団に所属することになる．このように実際に自分が所属している集団を成員性集団という．ただし，それぞれの集団に対する児童生徒の所属意識には違いがあり，部活動の集団に対する所属意識が強ければ，学級のなかでも

先輩のグループが，みんなスマホを持っているので，自分もスマホを購入するなど，実際に本人が所属していない集団であっても準拠集団となりうる．

部活動の基準に合わせて行動することがある．このように個人の価値観や態度，判断のよりどころとなっている集団を準拠集団という．

内集団と外集団

自分が所属している集団（たとえば，自分の学級や班）を内集団といい，所属していない集団（他の学級や班）を外集団という．学校行事（たとえば，運動会）において学級単位で活動することで，学級の仲間意識が高まり学級のまとまりがよくなることがある．内集団のまとまりが強くなると，内集団の成員に対して肯定的に評価する傾向が高くなる（内集団バイアス）．一方で，外集団との違いが強調され外集団に対する否定的な評価につながることもある．

③ 学級集団の機能

学級という集団を形成し教育活動を進めていくことに，どのような心理的機能があるのだろうか．

教科学習の促進

学級での教育活動では，与えられた同じ課題をクラスメイトと競ったり，グループで協同して解答を探索したりすることもある．そのようななかで，他のクラスメイトの意見を聞いたり，解答方法を参考にしたり，他のクラスメイトに教えたりすることで，自身の学習内容の理解が促進される．

また，クラスメイトの一生懸命に取り組む様子などに刺激を受け学習への動機づけが高まり，教科学習が促進される．

社会的欲求の充足とストレス対処

社会的動物である人間の成長にとって，他者と親しくなりたい（親和欲求），他者に認められたい（承認欲求）など，他者とのかかわりに対する欲求（社会的欲求）を満たすことは，大変重要である．児童生徒は学級のなかで，新しい仲間をつくり，周囲から認められるようにふるまうことで，これらの欲求を満たそうとする．

学級とは，学校が制度的に組織した公式集団であり，価値観や趣味，考え方が合う児童生徒ばかりではない．このような学級集団のなかで，自分の思うようにならないことによる対立や葛藤，そこから生じるストレス経験を通じて，自分なりの解決方法や対処方法などを身につける．

社会性の獲得とアイデンティティの確立

社会に適応するためには，自分の考えや行動が適切であるか判断しなければならない．しかし，このような判断を行うとき，客観的基準がないことのほう

クラスメイトからの受容は，欲求の充足などの人格形成だけでなく，学習への集中を高め学力を向上させるなど知的発達にも関係する（Hattie, J., 2018）．

140

が多い．このような場合，我々は，他者と比較することで自分の行動の適切さを判断する（社会的比較）．つまり，**児童生徒は，自分と他者との比較を通じて，自分の考えや行動の適切さを確認，調整しながら，世の中の基準やルールを自分のなかに取り入れていくのである**（社会化）．

また，仲間との社会的比較を通じて，「自分がどのような人物であるか」，「自分は何をすべきか」など，自分を他者との社会的関係のなかに位置づけながら，アイデンティティ（第6章参照）を確立していく．

≫ 学級のなかでみられる児童生徒の行動や心理

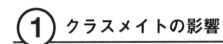

① クラスメイトの影響

学級のさまざまな活動のなかで，個々の児童生徒が示す行動の多くは，クラスメイトの行動や心理に常に影響されている．

社会的促進と社会的抑制

既に述べたように学級での教育活動では，クラスメイトとさまざまな課題を同じように進めることが多い．このように周囲の人々の存在により，1人で作業をするときと比べて作業量や成績が高くなることを社会的促進という．

反対に，周囲の人がいることで，1人で作業するときより作業量や成績が下がってしまうこともある（社会的抑制）．一般的には，課題に対する学習が不十分で課題が個人にとって困難な場合や，クラスメイトや教師からの評価が強く意識されるような場面では，社会的抑制が発生しやすいといわれている．

社会的手抜き

合唱コンクールや文化祭など，学校行事のなかにはクラスメイトが協力して，1つのものを作り上げることも多い．このように周囲の人々と一緒に協力して作業を行う場合に，個人の努力水準が1人のときよりも低下してしまうことがある（社会的手抜き）．

社会的手抜きは，最小限の努力で集団の成果から恩恵を得ようする意図的なものだけではない．共同作業によって個人の努力量が集団の成果へ及ぼす影響を判断することが難しくなったり，それによって正当な評価を受けにくくなるため責任が分散されたりすることで，本人も無自覚なうちに発生することもある．社会的手抜きを防止するためには，個人の貢献度が区別でき評価されるような工夫や，集団の成果が個人にとっても重要な意味をもつようにすること，課題自体が魅力的であることなどが重要である．

学級単位で行う学校行事のなかから具体的な活動を例として考え，学級の児童生徒に社会的手抜きができるだけ生じないようにする工夫について考えてみよう．

同調行動

　たとえば，文化祭の活動を決めるときなど，学級のなかで，さまざまな意見を児童生徒に発言させる場合がある．このような場面で，われわれは，周囲の人々の反応に影響され，周囲と同じ行動をとったり，同じ意見を表明したりすることがある(同調行動)．同調行動は，周囲の人々の行動から受ける2つの影響から発生する．1つは，情報的影響といわれ，客観的な基準や判断材料が不十分で正しい判断が困難な状況で，周囲の人々の行動を手がかりとして利用することで発生する．もう1つは，規範的影響といわれ，周囲の人々から承認されたい，あるいは拒絶されたくないために，周囲の人々と同じ行動を選択するために発生する．

　つまり，全員一致や多数決でクラスの意見が決定されたとしても，その結果は個々の児童生徒の考えが，純粋に反映されたものではない可能性もある．

② 学級集団の影響

　人間一人ひとりに個性があるように，集団を1つのものとしてとらえると，集団にもそれぞれ個性がある．つまり，学級集団にもそれぞれ違いがあり，このような学級のもつ特徴も児童生徒の行動や心理に影響する．

学級風土

　学級のまとまりがよく協力的で，さまざまな活動にも積極的な学級もあれば，まとまりが悪く消極的で静かな学級もある．このような学級のもつ雰囲気を学級風土という(表1)．

　まとまりのよい学級では，教師は授業や行事での集団的な行動を効率的に進めることができる．また，このような学級に所属する児童生徒は，互いに承認され，自尊心も高くなり，よい人間関係を形成できる．さらに児童生徒同士の学び合いなどが増え，学習成績が向上する．つまり，まとまりのよい学級風土は，教師と児童生徒の両者にとって非常に有益である．

集団規範

　学級は固定的・持続的な集団であるため，学級のなかでクラスメイトの相互交流が深まると，徐々に，暗黙のルールや判断基準，価値観がクラスメイトの間で共有されるようになる(集団規範)．集団規範が確立していればいるほどクラスのまとまりはよくなり，学級に留まろうとする傾向(集団凝集性)が強くなる．このような学級では，所属していることに価値を見いだし，集団での活動に対する満足度が高くなる．

　その一方で，集団規範が形成されると，これを維持し逸脱しないように社会的圧力がかかるようになる(斉一性圧力)．特に，集団凝集性の高い学級で，そ

学級風土

表1 学級風土の要素

領域	要素	下位要素	項目例
関係性	学級活動への関与	取組（行動面）	クラスの活動に自分から進んで参加する
		関心（心理面）	クラスのことをよく考える
	生徒間の親しさ	男女の仲のよさ	男子と女子は仲がよい
		仲のよさ	このクラスではお互いにとても親切だ
	学級内の不和	トラブル	このクラスはもめ事が少ない（反転項目）
		グループ化	お互いに嫌いあっている人がいる
	学級への満足感		このクラスは，心から楽しめる
	自然な自己開示	級友間の開示	自分たちの気持ちを気軽に言い合える
		教師への自己開示	自分たちの気持ちを素直に先生に話せる
	学習への志向性		クラスのみんなは，よく勉強する
個人の発達と目標志向	規律正しさ		このクラスは，規則を守る
組織の維持と変化	リーダー		このクラスには，リーダー的な人がいる

〔参考：伊藤亜矢子，宇佐美 慧．新版中学生用学級風土尺度（Classroom Climate Inventory；CCI）の作成．教育心理学研究．2017：65（1）．91-105.〕

の傾向は顕著になる．そのような学級では，能力が劣っていたり周囲とは異なる行動をとるクラスメイトが厳しい非難にさらされることがある（黒い羊効果）．そのため，学級のペースや難易度に合わせることができない児童生徒や，斉一性圧力に違和感や反感を抱く児童生徒の不登校やいじめの原因となることもある．このように，学級のまとまりのよさが児童生徒にマイナスの影響を与える可能性もある．

≫ 学級における教師の役割

① 教師の影響

学級を経営し，児童生徒に適切な教育環境を整えることは，教師の重要な役割の一つである．

教師と児童生徒の関係

学級経営を大きく左右する要因の一つに，教師と児童生徒との関係がある．教師と児童生徒の関係は，作業の方針，手順，分担などをすべて教師が決定し，それを児童生徒に指示する専制型，児童生徒にすべて任せ教師は最小限

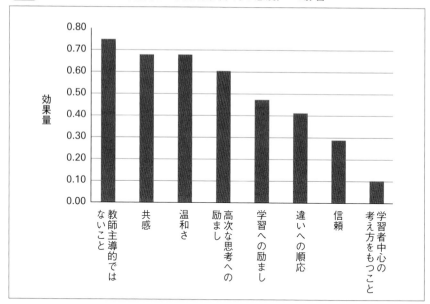

図1 教師と児童生徒の関係性の学習成果（学力や態度）への影響

縦軸：効果量

横軸（左から）：教師主導的ではないこと、共感、温和さ、高次な思考への励まし、学習への励まし、違いへの順応、信頼、学習者中心の考え方をもつこと

※効果量が大きいほど、学習成果によい影響を与えていることを示している

〔参考：ジョン・ハッティ，監訳：山森光陽『教育の効果—メタ分析による学力の影響を考える要因の効果の可能性』図書文化．2018．（Hattie, J. Visible Learning：A Synthesis of Over 800 Meta-Analyses Relating to Achievement. Routledge. 2008.）〕

の関与しかしない放任型，児童生徒の話し合いで決定した内容を教師が支持する民主型に大きく分けられる．一般に，専制型は，作業の遂行は高いものの，児童生徒の不満が残るのに対して，放任型では，作業の遂行が低く，集団のまとまりがなく争いも多くなり，民主型では，作業の遂行では専制型にやや劣るものの，児童生徒の意欲も満足度も高くなるといわれている．また，近年では，他者を尊重する教師の学級では，児童生徒は，自主的・自律的に学習に取り組み，自己と他者を尊重し，反抗的な行動は非常に少なく，学力も高くなることも報告されている（図1）（Hattie, J., 2008）．

リーダーシップ

　リーダーシップとは，広義には，集団目標の達成に向けてなされる集団の諸活動に影響を与える過程と定義されている．その機能は，目標達成を促進するようにはたらきかける**目標達成機能**（Performance function：P機能）と，集団の成員がまとまるようにはたらきかける**集団維持機能**（Maintenance function：M機能）の2つに分類され，この2つの機能の組み合わせた**PM理論**が広く知られている（図2）．

　学級経営を担う教師は，教育目標を追求するP機能と，児童生徒間の良好で親密な関係を作るM機能という2つの側面を担うことになる．ただしリーダーシップとは，あくまでも集団に対する機能であり，個人で2つの機能を果たす必要はなく，たとえば，担任がP機能，副担任や支援員がM機能などチーム

PM理論は，三隅二不二によって提唱された理論で，さまざまな企業組織でも数多く検証されており，教育現場のみならず産業界でも広く知られているリーダーシップ理論である．

図2 リーダーシップのPM理論の類型

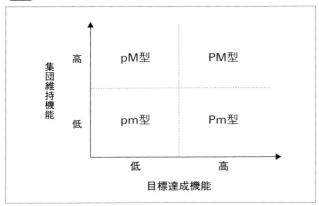

として機能を分担する方法もある.

　一般的にP機能とM機能が両方高いPM型リーダーシップで,児童生徒の学習意欲や授業の満足度,学級の連帯感が高まることが知られている.

教師の期待

　ローゼンタール(Rosenthal, R.)とヤコブソン(Jacobson, L.)は教師が,ある児童生徒に高い学力を期待していると,その児童生徒の学力が実際に向上することを明らかにした(**ピグマリオン効果**).これは,教師がその児童生徒の能力を見抜いたというより,教師が高い期待を寄せる児童生徒に多くの内容や難しい内容を教えるなど,多様で多くの学習機会を提供することにより発生しているといわれている.そのため,反対に教師が児童生徒に問題があるなどのマイナスの期待をもつことにより,その児童生徒の成績が低下することもある(ゴーレム効果).

　ハッティによると,教師は,すべての学習者の学力や能力が固定的なものでなく,変化させることができるという期待に基づく指導観や学習観をもつことが求められ,教師の役割とはすべての学習者の成長を見取り,それを明確に学習者にフィードバックすることである.

> 近年,特別支援教育やノーマライゼーションの普及,発達障害に対する教師の理解などが進んできている.そのことは望ましいことではあるが,「学習困難児」と分類されることで教師の期待が低くなり,学習機会が減少するなどのマイナスの影響が生じてしまう可能性があることも考えなければならない.

② 学級内の人間関係を理解するツール

　教師が学級を経営するうえで,学級の人間関係を理解することは非常に重要である.学級には,自然発生的に形成される友人関係が内包されており,学級の係や班などの公式集団と比べて,非公式集団である友人関係を把握することは難しい.特に近年,ITの発展とともにSNSなどを通じて非公式集団が形成される場合も多く,友人関係の把握がより困難になっている.そこで学級内の友人関係などを把握するため手法について紹介する.

学級崩壊

河村(2007)は，自身の開発した「Q-U(Questionnaire-Utilities)」というツールを用いて，学級風土や教師の関わり方と学級崩壊について研究している．

「Q-U」とは，児童生徒の学級生活の満足感と意欲を調査するツールであり，このツールの学級生活の満足度から承認得点と被侵害得点の2つの下位得点を集計することができる．承認得点とは，自分の存在や行動が，級友や教師から承認されていると感じる程度であり，被侵害得点とは，不適応感をもっていたり，いじめや冷やかしなどを受けていると感じている程度である．そして，学級が，どのような承認得点と被侵害得点の児童生徒から構成されているかによって，集団としての学級の特徴を把握することもできる（図3，表2）．

河村によれば，新しく学級が構成される4月は，「管理型」か「なれあい型」の学級が多く，その後の教師の学級経営の違いにより変化する．「管理型」学級の教師は，指導を重視し，児童生徒と教師の関係づくりが弱く，「なれあい型」学級の教師は，援助重視であるものの個々の児童生徒と教師の関係づくりが重視され，クラスのルールづくりや児童生徒同士の関係づくりが軽視されている．「管理型」と「なれあい型」のいずれの学級も崩壊の可能性があるが，崩壊にいたるプロセスに違いがあり，「なれあい型」から荒れ始めた場合には，学級崩壊が一気に進むことが多く，崩壊後の回復も難しい傾向があると述べている．

図3 Q-Uに基づく学級の類型

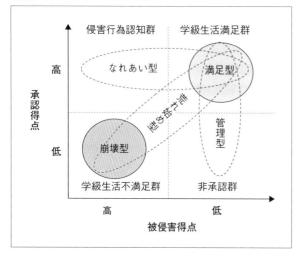

表2 学級の型と特徴

学級の型	特徴
満足型	ルールが定着し，親しい人間関係が形成されており，積極的な発言も多く，活気がある
管理型	ルールが定着しているため安定しているようにみえるが，承認されていると感じているものとそうでないものの差が大きいため，児童生徒の意欲には大きな差がみられる．一見，落ち着いて静かなクラスではあるが，教師の評価を気にして活気がない
なれあい型	一見，のびのびして活気があるようにみえるが，クラスのルールなどが定着しないため，授業では自由な発言（教師が指示する前に発言してしまう）や係活動など学級内の集団活動がうまくいかず，子ども同士のトラブルも発生しやすい
荒れ始め型	管理型やなれ合い型のよい面が徐々に喪失し，悪い面が強くなり，教師のリーダーシップが低下している
崩壊型	学級生活不満群が70%を占め，授業中の勝手な立ち歩きや私語が横行し，教師をばかにする発言など，すでに教育的環境ではなくなっている

表3 ソシオマトリックスの例

		回答者							被選択数	被排斥数
		A	B	C	D	E	F	G		
被選択者	A		○	○		○			3	0
	B	○			○		○	○	4	0
	C	○	○		×	○			3	0
	D						○		1	0
	E		×	○	×				1	1
	F				○			○	2	0
	G					○			1	0

図4 ソシオグラムの例

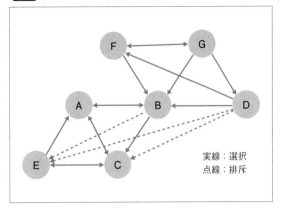

実線：選択
点線：排斥

ソシオメトリック・テスト

学級のなかで具体的場面を示し，該当するクラスメイトの名前を挙げさせて，彼らの感情的な結びつきを基に集団構造を把握する手法であり，モレノ（Moreno, J.L.）が考案した．たとえば，「修学旅行の宿泊で同じ部屋になりたい人，なりたくない人」などを回答させ，クラスメイトから選択（受容）される人と排斥（拒否）される人を調査する．これらの調査結果を，整理したものが**表3**である（ソシオマトリックス）．さらにこの表を**図4**のように表し（ソシオグラム），児童生徒の関係性をより直感的に視覚的に示す方法もある．

> 近年では，教育的な配慮から，排斥関係を問わないことも多い．

ゲス・フー・テスト

「クラスで，面白い人は誰ですか」，「クラスで，努力家だと思う人は誰ですか」など，具体的な行動やパーソナリティ傾向，能力などを例示し，該当するクラスメイトの名前を挙げさせる方法で，ハーツホーン（Hartshorne, H）が開発した．このような方法で得られるクラスメイトの人物評価では，教師の把握している児童生徒とは異なることもあり，教師の知らない児童生徒の特長や児童生徒の友人関係を把握することができる．

> これらのテストの実施が，子どもの心理的な負担や交友関係に悪い影響が及ぶ可能性を考え，子どもへのさまざまな配慮を施し，慎重に実施する必要がある．

● 文献
- ジョン・ハッティ，監訳：山森光陽『教育の効果―メタ分析による学力の影響を考える要因の効果の可能性』図書文化．2018.（Hattie, J. Visible Learning：A Synthesis of Over 800 Meta-Analyses Relating to Achievement. Routledge. 2008.）
- 河村茂雄『データが語る①学校の課題―学力向上学級の荒れ・いじめを徹底検証』図書文化．2007.
- 伊藤亜矢子，宇佐美 慧．新版中学生用学級風土尺度（Classroom Climate Inventory；CCI）の作成．教育心理学研究．2017：65(1)．91-105.

> これらの手法以外にも，本書で紹介した河村（2007）や伊藤・宇佐美（2017）など学級の状況を把握するツールもある．教師の主観や経験だけでなく，これらの手法を用いて学級の特徴を客観的に把握することが必要なこともある．

14 教育相談

学習のポイント

1. 学校における教育相談の役割と援助の具体的な方法を身につけよう.
2. 児童生徒のさまざまなこころの問題について理解しよう.

① 教育相談

現代社会の変容のなかで, 家庭や地域の機能が低下し, 児童生徒の抱える問題は多様化・深刻化している. こうした問題に対して学校は対応が求められている. 児童生徒にとって, 学校は日常生活の一環であり, 将来, 社会で生活していくための基本的な態度と教養を身につける大切な場所である. 学校において, 多くの人間とかかわり, 自己と他者の違いを感じ, 互いに刺激し合うことは発達や人格形成にも大きな影響を与える. そのため, 学校の果たす役割は年々, 大きくなっている.

教育相談とその歩み

教育相談とは

生徒指導提要(2010)において, 教育相談は「児童生徒それぞれの発達に即して, 好ましい人間関係を育て, 生活によく適応させ, 自己理解を深めさせ, 人格の成長への援助を図るものであり, 決して特定の教員だけが行う性質のものではなく, 相談室だけで行われるものでもありません」と述べられている. 教育相談は生徒指導と重なるところも多く, その中心的な役割を担う. その後2022年の改訂の背景には, 児童生徒の抱える多様で複雑な課題に対し, 学校マネジメントの強化や組織的な教育活動体制の創造と共に指導体制を整備するという目的がある(表1).

文部科学省「生徒指導提要」教育図書. 2010.

文部科学省「生徒指導提要改訂版」2022.

教育相談の歩み

1990年代以前, 教育における支援は指示的・集団的であり, 個々の児童生徒を受容・尊重するカウンセリングの姿勢は, 求められてはいたものの, 期待に反し, なかなか浸透しなかった. そのなかで, いじめが増加し, それに起因する自殺事件の発生, また, 不登校も増加し, 児童生徒のこころの問題は複雑かつ深刻化していった.

こうした状況を背景に1995年, こころの専門家を各学校に派遣する**スクールカウンセラー**(以下, SC)制度が開始された. これに加えて, 児童生徒のお

表1 生徒指導提要改訂のポイント

基礎編	生徒指導の定義と目的 生徒指導の構造 児童生徒の権利の理解 生徒指導と教育相談が一体となったチーム支援
個別の課題編	生命(いのち)の安全教育，性的被害者への対応 「性的マイノリティ」に関する理解と学校における対応 精神疾患に関する理解と対応 校則の運用・見直し

〔参照：東京都教育委員会．教職員向けデジタルリーフレット「生徒指導提要
（令和4年12月）」のポイント〕

表2 教育相談の役割

1 SC，SSWの周知と相談受付
2 気になる事例を洗い出し検討するための会議(スクリーニング会議)の開催
3 SC，SSWとの連絡調整
4 相談活動に関するスケジュール等の計画・立案
5 児童生徒や保護者，教職員のニーズの把握
6 個別記録等の情報管理
7 ケース会議の実施
8 校内研修の実施

かれている環境への支援が必要になったため，2008年には**スクールソーシャルワーカー**（以下，SSW）が導入された．さらに2015年に**チーム学校**の概念が登場し，学校全体の児童生徒やその支援の状況を集約して把握することになった．現在，教育相談には，学校内外との連絡調整，ケース会議の開催など児童生徒の抱える問題の解決に向けて調整役として活動する**教育相談コーディネーター**としての役割が新たに期待されている．

♪チーム学校
→p.12

教育相談の役割

学校における教育相談には，教育相談のチーム作りをする定着役としての役割(インテグレーター)，相談室の運営や教員の資質向上を目的とした研修会の企画などをする推進役としての役割(プロモーター)，SCやSSWの専門性を発揮するための窓口や担任の援助，児童生徒やその保護者に対する相談役としての役割(カウンセラー)がある(佐々木ら，2010)．

教育相談は，どちらかといえば事後の個別対応に重点がおかれていた．しかし，不登校，いじめや暴力行為などの問題行動，子どもの貧困，児童虐待などといった事案は，発生してからのみではなく，未然防止，早期発見，早期支援や対応が求められる．さらには，発生した時点から改善や回復を経て，その先の再発防止まで一貫した支援を行う体制づくりが重要である(**表2**)．

佐々木雄二，笠井仁『図で理解する生徒指導・教育相談』福村出版．2010. p.27.

表3 外部の専門機関

福祉関係機関	児童相談所，福祉事務所，自立相談支援機関，要保護児童対策地域協議会の所管部署，児童家庭支援センター，民生委員・児童委員，社会福祉協議会，放課後児童クラブ，児童館，保育所，児童福祉サービス事業所(放課後等デイサービス等)，発達障害支援センター等
保健医療関係機関	保健センター，保健所，精神保健福祉センター，病院，クリニック
刑事司法関係機関	警察署(生活安全課等)，少年サポートセンター，家庭裁判所，少年院，少年鑑別所，保護観察所，日本司法支援センター(法テラス)，スクールサポーター，保護司，少年警察ボランティア
教育関係機関	教育支援センター(適応指導教室)，教育相談室，民間教育団体，民間教育施設，特別支援学校，転出入元・先の学校，幼稚園
団体	公認心理師協会，臨床心理士会，社会福祉士会，精神保健福祉士協会，弁護士会
教育委員会内	家庭教育支援チーム(支援員)，土曜学校など学習支援，地域学校協働本部の地域コーディネーター，学校ボランティア，近隣の小・中学校・特別支援学校等

教育相談における連携

　教育相談体制を作るためには，生徒指導会議など既存の会議を活用することも有効である．校内体制の構成メンバーは，管理職(校長，教頭)，生徒指導主事(担当)，教育相談主任(担当)，学年主任，養護教諭の他，必要に応じて，SCやSSW，学級担任，部活動の顧問などである．

　学校生活での微かな変化を見逃さないためにも，児童生徒とかかわりのある教職員がそれぞれの情報を共有することで，状況を多角的にとらえることができる．しかし，常にこのメンバーで検討することが必要な訳ではない．個別事案として対応に困ったら，SCやSSWの専門家を含むケース会議を開催するなど，柔軟な学内連携が求められる．

　一方，こうした学内連携だけでは対応できない問題を抱える児童生徒がいた場合には，外部の専門機関につなぐことになる．その場合，管理職の協力だけでなく，児童生徒本人の了解と保護者の承諾や理解が欠かせない．保護者との連携においては，保護者自身が貧困や病気，虐待などの課題や子どもとの関係性の悪さなどを抱えていて，協働が難しいこともある．その際には，機関につなぐ必要性やその機関がどのような対応をしてくれ，何が期待できるのかについて丁寧に説明する必要がある．このような外部の専門機関との連携においては，保護者への説明も含め，医療の専門性の高い養護教諭やSC，福祉であればSSWの協力をあおぐのも効果的である．

　この連携は，情報と行動が伴ってこそ実現するものである．繋げたら終わりではなく，児童生徒の成長を中心に据えた援助チームとして継続的にかかわっていかなければならない．

　また，地域コミュニティとも連携し，これまで以上に学校・家庭・地域の連携協力のもとに進められていくことが不可欠であり，地域の教育力の向上も期待されている(**表3**).

表4 背後に何らかの問題が隠れている可能性がある児童生徒の変化

学業成績の変化	成績の急激な下降など
言動の変化	急に反抗的になる，遅刻・早退が多くなる，つき合う友達が変わるなど
態度，行動面の変化	行動の落ち着きのなさ，顔色の優れなさ，表情のこわばりなど
身体に表れる変化	頭痛，下痢，頻尿，原因不明の熱など

〔参考：文部科学省「生徒指導提要　改訂版」2022. p.83.〕

教育相談の対象

　学校現場における教育相談は，その目的の違いによって機能も異なる．

　開発的教育相談は，すべての児童生徒を対象とした発達支持的教育相談である．さまざまな資質や能力の積極的な獲得を支援し，児童生徒の成長・発達の基盤をつくる援助で，発達支持的な側面に着目しながら，対人関係スキルや問題解決能力の修得を目標とした活動を行う．教育相談の考え方を意識し，児童生徒のもつ強みにも注目しながら教育実践を行うことが求められる．

　課題予防的教育相談は，問題をもつ危険性の高い児童生徒への予防的援助であり，課題未然防止教育と課題早期発見対応に分けられる．前者は，すべての児童生徒を対象とし，「発達課題の積み残しや何らかの脆弱性を抱えた児童生徒，あるいは環境的に厳しい状態にある児童生徒を早期に見つけ出し，即応的に支援を行う」ことで問題を未然に防止することを目的としている．後者は，児童生徒の変化や本人も気づいていない危機のサインも見逃さない姿勢と丁寧な関わりと観察によって，早期発見が可能となる．そこで得た情報は，教育相談会議のなかで，スクリーニングに活用し，リスクの高い児童生徒を見いだし，必要な支援体制を整備することに役立つ．身体面，心理面，対人関係面，学習面，進路面などの領域で気になる児童生徒のリストを作成し，定期的な情報更新を行う（**表4**）．

　問題解決に主眼をおいた**困難課題対応的教育相談**は，困難な状況において苦戦していたり，発達や適応上の課題があったり，医療的治療が必要な児童生徒などを対象とする治療的援助である．教育相談コーディネーターを中心に情報収集を行い，SCやSSWの専門性を生かしたアセスメントや具体的対応についてケース会議で話し合い，長期にわたる手厚い支援を組織的に行う．その際，学校外のネットワークも活用し，医療や地域の関係機関と連携・協働することも重要である．また，児童生徒に直接かかわる担任などの教職員が自身の力量不足に悩んだり，対応に苦慮したりしている場合には，話を聴くことやアドバイスをするなど支援者の支援という視点も求められる．

教育相談の方法
カウンセリング

　カウンセリングとは，心理療法と呼ばれるものと原理や方法について多くの共通点をもっているが，基本的には，健康ではあるが適応上の問題をもつ人を対象として，個人の可能性を引き出し，成長を促していくことにより問題の改善を図ろうとする相談・援助のことである．

　相談を受ける者(カウンセラー)が，相談に来た者(クライエント)から，本人が問題と感じていること(主訴)や今までの経過，クライエントを取り巻く人間関係や環境などの情報を収集する．その情報からクライエントのこころの状態や課題について査定(アセスメント)し，カウンセリングの目標を話し合って決めていく．

　しかし，自分の内面を語るのは，不安を伴うため，信頼関係(ラポール)の形成が不可欠である．カウンセリングは非日常的な人間関係でもあり，経過とともに，クライエントから無自覚に重要な他者に対する態度がカウンセラーに向けられること(転移)がある．カウンセラーもまたクライエントに対して感情反応(逆転移)が引き起こされる．そのため，カウンセラーは，自分自身の問題や課題について把握しておく必要がある．

　カウンセリングは自らの悩みを語り，批判や否定をされずに聴いてもらう体験を通して，カウンセラーという鏡に映った自分を見つめ，ありのままを受け止めてもらうことに意義がある．

学校で活用できる心理療法
①ストレスマネジメント(こころの問題の早期認識)

　ストレスマネジメント教育は，児童生徒がより豊かにたくましく生きるためのライフスキルを習得するため，ストレスに対する自己コントロールを効果的に行えるようになることを目的とした教育的な働きかけである．まず，ストレスに関連する用語や発生のプロセスなどを理解し，ストレス関連尺度を活用して自分自身のストレスに気づけるようにする．そのうえでストレス対処法を習得し，それを活用することで日常生活をコントロールするだけでなく，主体的な生き方へとつながる姿勢を育てることが目標とされる．自分のこころの問題にいち早く気づけることで，日常生活のみならず，自然災害や事件・事故などの予期しない惨事への危機状況への対処力を身につけることも期待される．

②アサーション・トレーニング(援助希求行動の育成)

　アサーションとは，相手を大切にしながら自分の気持ちを正直で率直に表現することである．人間関係は共通の課題であり，自分自身の気持ちに気づき，対人関係における自己表現の方法を習得することを目標とするアサーション・トレーニングの役割は大きい．

　トレーニングでは，対人場面における行動パターンを学び，背景にある認知

▶ やってみよう

アサーション・トレーニングの自己学習に役立つ書籍を以下に紹介する．
・パット・パルマー『ネズミと怪獣とわたし─やってみよう！アサーティブトレーニング』原生林．1994.
・平木典子(監修)『よくわかるアサーション 自分の気持ちの伝え方』主婦の友社．2012.

表5 主な精神疾患

病名	症状など
統合失調症	おもに思春期・青年期に発病し，幻覚・妄想などの特徴的な症状のほか，意欲や感情表出が乏しくなる．注意力や集中力などの認知機能の障害により，日常生活や対人関係などの社会的機能が低下する
気分障害	憂うつで悲しく落ち込んだ気分や思考が緩慢になる，注意力や記憶力などの低下といった認知症状，食欲ややる気といった意欲の減退，睡眠障害などがある．重度になると将来を悲観したり，絶望したり，死にたい気持ち（希死念慮）や自殺行動（自殺企図）が出現する
パニック障害	動悸・頻脈・発汗・窒息感などの自律神経症状が急激に出現し，強い不安状態に襲われる．一度不安に襲われたときの経験（パニック発作）があり，またそうなったらどうしようという心配（予期不安）が頭をよぎり，発作を避けようとして外出できなくなる
摂食障害	思春期の女子に多く，食行動異常として神経性やせ症と神経性過食症があり，体重増加を防ぐために過度のカロリー摂取制限や運動をする．体重や体型についての認識障害があり，自分の価値も体重や体型に過度に影響する

精神疾患の種類については，DSM-5に詳しい部類と具体的な症状が明記されている

にも注目する．そのうえで，各自の課題場面への対応をロールプレイ（役割演技）を用いて身につけていく．子どもたちのコミュニケーション力を高め，クラス集団における円滑な対人関係を形成し，いじめの防止などの効果が期待できる．

② 教育相談のための児童生徒の理解

生徒指導提要改訂版（2022）では，関連法規の制定を背景に，個別の重要な課題（いじめ，暴力行為，少年非行，児童虐待，自殺，中途退学，不登校，インターネット・携帯電話にかかわる問題，性に関する問題，多様な背景をもつ児童生徒への対応）について，具体的に設定されている．

教育相談では，これらの問題に対し，児童生徒を理解し，適切なタイミングで柔軟な対応をチーム学校として取り組んでいく．

精神疾患

①児童生徒の精神疾患

現代社会はストレス社会といわれるほど，精神疾患を抱える人が年々増加傾向にある．これは成人に限ったことではなく，10代でもうつ病や統合失調症の発症があり，不登校の背景に発達障害（第15章参照）や精神疾患が潜んでいるケースも少なくない．教師には児童生徒の精神疾患の概要について理解し，気になる児童生徒を把握して医療につなぐ役割がある．しかし，安易に判断をして本人や家族に病名を伝えたり，医療受診を強制したりせず，丁寧にかかわる必要がある．

②精神疾患の種類

それぞれの疾患（**表5**）に特徴的な症状はあるが，初期には共通する症状も多

行動パターンには，大きく分けて次のようなものがある．①怪獣のような攻撃的行動，②ネズミのような消極的行動，③自分の正直で率直なアサーション行動．

児童生徒の心の健康や病気については，厚生労働省のホームページ「こころもメンテしよう〜ご家族・教職員の皆さんへ〜子どもの様子が気になる，こころの健康や病気が心配なときに．」にサポートするときのポイントが紹介されている．

くみられる．たとえば，睡眠障害や不安，集中力や意欲低下などは健康でもときどき体験されるため見過ごされやすい．日常から児童生徒の様子を把握し，変化を見過ごさないようにしたい．

性的マイノリティ

LGBTとは，Lがレズビアン（Lesbian，女性同性愛者），Gがゲイ（Gay男性同性愛者），Bがバイセクシャル（Bisexual両性愛者），Tがトランスジェンダー（Transgender身体的性別と性自認が一致しない人），それぞれ4つの性的なマイノリティの頭文字をとった総称で，性の多様性を表す言葉である．LGBは，どのような性別の人を好きになるか，恋愛や性愛の感情の方向を表す性的志向のことである．それに対し，T（性同一性障害）は，生物学的な性と性別に関する自己意識が一致しない性自認のことである．したがって，社会生活に支障があり，学校生活を送るうえでも特有の支援が必要な場合がある．

そのため，個別の事案に応じ，児童生徒の心情等に配慮した対応を行うことが求められている．適切な対応を行うためには，教職員の理解を深めることは言うまでもなく，日常の教育活動を通じて他の児童生徒に対して人権意識の醸成を図ることが大切である．

いじめ

①いじめの認知

2013年に公布されたいじめ防止対策推進法において，いじめは「児童生徒に対して，当該児童生徒が在籍する学校に在籍している等の該当児童生徒と一定の人間関係にある他の児童生徒が行う心理的又は物理的な影響を与える行為（インターネットを通じて行われるものも含む）であって，当該対象となった児童生徒が心身の苦痛を感じているものとする．なお，起こった場所は学校の内外を問わない」と定義されている．しかし，いじめの定義には変遷があり，定義が変更されるたびに，それに伴う統計方法も変わり，単純に増減の判断はできない．

教師は，いじめはどこでも起こりうると認識し，認知できた件数は一部でしかないと考えることが大切である．いじめの認知件数が多いことは教職員の目が行き届いていることの証ととらえるべきである．積極的に認知し，もしもいじめに気がついたら，早期対応が欠かせない．

②いじめの種類と構造

具体的ないじめには，暴力や悪口，持ち物を隠す，いやがらせ，無視，金品の強要などがある．近年では，インターネットやSNSを通じた誹謗中傷なども含まれる．

いじめの被害者は決して悪くない．したがって，教師は彼らに責任があるというとらえ方をすべきではない．被害者は，わかってもらえない，助けを求め

文部科学省では，性同一性障害や性的指向・性自認に係る児童生徒に対するいじめを防止するため，「いじめ防止対策推進法」に基づく「いじめの防止等のための基本的な方針」を平成29年に改定し，「性同一性障害や性的指向・性自認について，教職員への正しい理解の促進や，学校として必要な対応について周知する」ことが追記された．

文部科学省「性同一性障害に係る児童生徒に対するきめ細かな対応の実施等について」平成27年4月30日通知．2015．

> **考えてみよう**
>
> ## いじめ対応に役立つ資料
>
> -
>
> 　いじめの発見や対策については，行政から以下のような資料が出されている．こうした資料を実際に活用するためには，どのような取り組みや体制づくりが有効か考えてみよう．
>
> **平成26年4月11日「いじめのサイン発見シート」の配布について**
>
> https://www.mext.go.jp/a_menu/shotou/seitoshidou/__icsFiles/afieldfile/2018/08/21/1400260_001_1.pdf
>
>
>
> **平成29年「いじめの重大事態の調査に関するガイドライン」**
>
> https://www.mext.go.jp/component/a_menu/education/detail/__icsFiles/afieldfile/2017/03/23/1327876_04.pdf
>
>
>
> **平成30年9月　いじめ対策に係る事例集**
>
> https://www.mext.go.jp/a_menu/shotou/seitoshidou/__icsFiles/afieldfile/2018/09/25/1409466_001_1.pdf
>
>

る大人がいない，迷惑をかけたくない，と沈黙する．その裏で自己肯定感が低下し，孤立を深めてしまう．さらに追い込まれれば，自傷行為や自死にまで至ってしまうこともある．しかし，いじめの加害者は，相手を傷つけるような加害行為をしていてもそのことに気づけず，共感性のなさに基づく誤った考えをもつ．他方，自らが被害経験やストレスを抱えていることもあり，考えを修正する指導と支援が必要である．

③いじめの予防

　教師は，いじめの未然防止をこころがけ，日頃の児童生徒の様子を把握し，いち早く変化に気づき，情報共有できるように家族も含めたチームでかかわることが重要である．学級集団でのいじめは，加害者と被害者のみではなく，面白がってはやし立てる観衆と見て見ぬふりをする傍観者の四階層構造がある（和久田，2019）．それゆえ，いじめの防止には，学級全体に向けた介入が必要であり，それが再発防止につながる．

和久田学『学校を変える　いじめの科学』日本評論社.
2019.

不登校

①不登校の現状

　不登校は，「何らかの心理的，情緒的，身体的あるいは社会的要因・背景により，児童生徒が登校しないあるいはしたくともできない状況にあるために年

図1 不登校児童生徒数の推移

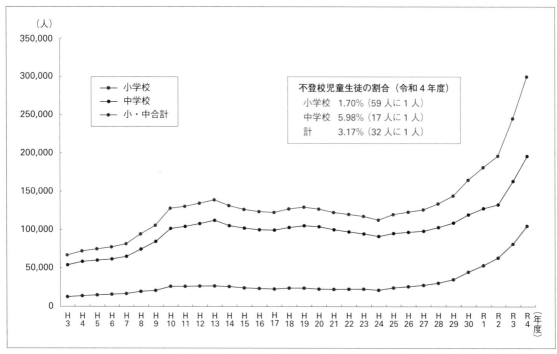

（人）

不登校児童生徒の割合（令和4年度）
小学校　1.70%（59人に1人）
中学校　5.98%（17人に1人）
計　　　3.17%（32人に1人）

凡例：
- 小学校
- 中学校
- 小・中合計

〔文部科学省「児童生徒の問題行動・不登校等生徒指導上の諸課題に対する調査結果」2023.〕

文部科学省が毎年実施している「児童生徒の問題行動・不登校等生徒指導上の諸課題に対する調査結果」で最近の人数を把握することができる.

文部科学省「義務教育の段階における普通教育に相当する教育の機会の確保等に関する法律」平成28年12月22日．2016.

間30日以上欠席した者のうち，病気や経済的な理由による者を除いたもの」と定義されている．不登校は年々増加傾向にあり，2022年の不登校児童生徒数は過去最多となり，その背景にはコロナ禍での生活環境の変化や学校生活のさまざまな制限などの影響も推定される（図1）.

②不登校対策

不登校は「児童生徒を取り巻く環境によっては誰にでも起こり得るものであり，問題行動とみなさない配慮が必要である」というこれまでとは異なる視点が示された（「義務教育の段階における普通教育に相当する教育の機会の確保等に関する法律」，2016）．さらに，2019年の「不登校児童生徒への支援の在り方

コロナ渦

新型コロナウイルス感染症の感染拡大により，2020（令和2）年の3〜5月末は一斉休校，その後も分散登校や短縮授業，行事の中止や延期を余儀なくされた．その後，2023（令和5）年5月8日に新型コロナウイルスが5類に引き下げられ，ようやく，すべての制限が解除された.

図2 COCOLOプランにおけるつながりのイメージ

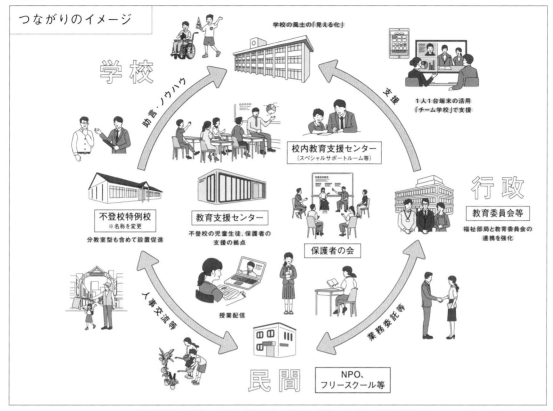

〔文部科学省「誰一人取り残されない学びの保障に向けた不登校対策（COCOLOプラン）」2023. p.3.〕

について（通知）」では，学校に登校するという結果だけを目標にせず，学びの機会を確保することの重要性が強調された．加えて，SCやSSWとも連携し，専門的な視点でアセスメントし，不登校状況の的確な判断と教職員や関係機関などとの情報共有による組織的・計画的支援が進められた．

　ところが，2022年「不登校児童生徒の実態把握に関する調査報告書」において90日以上の長期に及ぶ不登校，相談や対応が受けられていない事例が4.6万人いることを受け，2023年「誰一人取り残されない学びの保障に向けた不登校対策」として「COCOLOプラン」が出された．そこでは，小さなSOSを見逃さないようチーム学校で支援し，不登校であっても一人ひとりにあわせた学び場が確保されることを目標としている（**図2**）．

③不登校のタイプと対応

　不登校の背景は複雑であり，学校に行っていないという現象は共通していても，その背景は画一ではない．そのため，適切に理解して対応していくためには，**多軸評価**（齊藤，2016）の視点が求められる．
　不登校のきっかけは多岐に渡り，児童生徒が抱えている心理的課題や対人関

文部科学省「不登校児童生徒への支援の在り方について（通知）」令和元年10月25日．2019.

文部科学省「不登校児童生徒の実態把握に関する調査報告書」令和3年10月．2022.

COCOLOプランは，Comfortable, Customized and Optimized Locations of learning＝快適でカスタマイズされ，最適化された学びの場に由来している．

齊藤万比古『増補 不登校児童・思春期精神医学』金剛出版．2016. p19-22, 98-106.

医療機関との連携

　中学2年生のSさんは，成績もよくクラスのリーダー的存在で，バスケットボール部でもレギュラーとして活躍していた．ところが，体調不良を訴えて保健室利用が増え，欠席も多くなった．部活の顧問や担任の声かけには，笑顔で「大丈夫です．体調が回復したら頑張ります」と答えていたので，「期待して待っている」と励ましていた．しかし，なかなか体調が改善せず，不登校も続いた．しばらくして，保護者からカウンセリングを受け始めたと連絡があったため，心理的な問題の可能性も考え，担任は教育相談コーディネーターでもある養護教諭に相談し，教育相談会議が開かれた．そこで，SCから医療情報や連携の必要性が指摘され，養護教諭から保護者に連絡し，承諾を得たうえで，医療を含めたケース会議が開かれた．

　ケース会議には，医療側から主治医とカウンセラー，学校から養護教諭と担任が参加した．Sさんの頭痛や倦怠感などの症状は精神的な要因による身体症状症というのが主治医の診断であった．カウンセラーのアセスメントは，周囲の期待に応えようと，真面目に頑張り過ぎて過剰適応になり，自分でも気づかぬうちに無理をし過ぎたことで，身体が悲鳴をあげたのではないかというものであった．Sさんとのかかわりは医療機関で継続し，養護教諭が医療機関と学校の連携を担当することになった．担任や部活の顧問は連絡事項の伝達以外は，Sさんから希望があるまではかかわりを控え，SCは保護者を支えるカウンセリングを担当し，チームとしてかかわることになった．

　その後もSさんの不登校は続いたが，焦らずに待つという共通理解でかかわることができた．ゆっくりと回復し，時にはバスケットボールの試合の応援にきて，同級生と談笑する場面もあった．進学先を決めるころには，Sさん自身の自己理解も進み，背伸びせずに過ごせる高校を選んで進学した．卒業後，高校生活をマイペースに楽しんでいると保健室に笑顔で報告に来てくれた．

　教育相談は，人と人を「つなぎ」，日常生活を「たもつ」という役割を担っている．児童生徒の健やかな発達を支えるため，点から線へ，線から面へ繋ぐという意識をチーム学校で共有することが大切である．

係の問題を把握することが大切である．そのうえで，精神の状態や疾患を見落とさず，必要に応じて丁寧に医療につなげる．また，本人の適応を困難にしている訴えや行動が発達特性に起因してないか把握し，持ち味に合わせたかかわりの工夫が求められる場合もある．もちろん，児童生徒を取り巻く学校や家庭といった環境にも目を向け，具体的なサポートに必要な地域の専門機関などの資源も確認し，不登校の経過に添って，かかわりを工夫していく必要がある．

多軸評価

以下の5つの軸で評価することが求められている．
第1軸「背景疾患の診断」
第2軸「発達障害の診断」
第3軸「不登校出現様式による下位分類の評価」
第4軸「不登校の経緯に関する評価」
第5軸「環境の評価」

◉ 文献
- 文部科学省「生徒指導提要」教育図書．2010.
- 文部科学省「生徒指導提要改訂版」2022.（https://www.mext.go.jp/content/20230220-mxt_jidou01-000024699-201-1.pdf）（最終閲覧：2023年9月1日）
- 東京都教育委員会．教職員向けデジタルリーフレット「生徒指導提要（令和4年12月）」のポイント．2022.（https://www.kyoiku.metro.tokyo.lg.jp/school/content/leaflet_seitoshidouteiyou.html）（最終閲覧日：2023年11月12日）
- 佐々木雄二，笠井仁『図で理解する生徒指導・教育相談』福村出版．2010. p.27.
- 松原達哉，編『図解雑学 臨床心理学』ナツメ社．2002.
- 馬場謙一，編『スタートライン臨床心理学』弘文堂．2004.
- 文部科学省「いじめ防止対策推進法」平成25年9月28日．2013.（https://www.mext.go.jp/a_menu/shotou/seitoshidou/1406848.htm）（最終閲覧：2023年8月20日）
- 文部科学省「児童生徒の問題行動・不登校等生徒指導上の諸課題に対する調査結果」令和5年10月4日．2023.（https://www.mext.go.jp/content/20231004-mxt_jidou01-100002753_1.pdf）（最終閲覧：2023年12月4日）
- 文部科学省「性同一性障害に係る児童生徒に対するきめ細かな対応の実施等について」平成27年4月30日通知．2015.（https://www.mext.go.jp/b_menu/houdou/28/04/__icsFiles/afieldfile/2016/04/01/1369211_01.pdf）（最終閲覧：2023年10月12日）
- 和久田学『学校を変える いじめの科学』日本評論社．2019.
- 文部科学省「義務教育の段階における普通教育に相当する教育の機会の確保等に関する法律」平成28年12月22日．2016.（https://www.mext.go.jp/a_menu/shotou/seitoshidou/1380952.htm）（最終閲覧：2023年8月15日）
- 文部科学省「不登校児童生徒への支援の在り方について（通知）」令和元年10月25日．2019.（https://www.mext.go.jp/a_menu/shotou/seitoshidou/1422155.htm）（最終閲覧：2023年9月2日）
- 文部科学省「不登校児童生徒の実態把握に関する調査報告書」令和3年10月．2022.（https://www.mext.go.jp/content/20211006-mxt_jidou02-000018318_03.pdf）（最終閲覧：2023年9月2日）
- 文部科学省「誰一人取り残されない学びの保障に向けた不登校対策について（通知）」令和5年3月31日．2023.（https://www.mext.go.jp/content/20230418-mxt_jidou02-000028870-aa.pdf）（最終閲覧：2023年9月20日）
- 齊藤万比古『増補　不登校児童・思春期精神医学』金剛出版会．2016. p19-22, 98-106.
- 中村豊，編著『生徒指導提要 改訂の解説とポイント－積極的な生徒指導を目指して』ミネルヴァ書房．2023.
- 教育相談等に関する調査研究協力者会議「児童生徒の教育相談の充実について～学校の教育力を高める組織的な教育相談体制づくり～（報告）」平成29年1月．2017.
- 大山卓『これ一冊でわかる「教育相談」―学校心理学と障害福祉の基礎』ジアース教育新社．2021. p.46-53.

15 特別支援教育

学習のポイント

1. 特別支援教育とは何かを知り，その理解を深めよう．
2. 各障害の特徴と発達障害のある子どもの支援について学ぼう．

① 特別支援教育とは何か

特殊教育から特別支援教育へ

特別支援教育とは，現在の日本における障害のある子どもに対する教育上の理念，制度，指導・支援方法なども含む概念である．

日本において特別支援教育が始まったのは2007（平成19）年であり，それ以前の日本における障害児教育は「特殊教育」と呼ばれ，障害の種類などに応じて盲・聾・養護学校や特殊学級という特別な場で教育を行うことに重点がおかれてきた．

それに対し特別支援教育では，それまで「特殊教育」では対象としてこなかったLD（学習障害），ADHD（注意欠陥多動性障害，注意欠如・多動症），高機能自閉症（知的障害を伴わない自閉症）などの発達障害のある子どもも含めて，一人ひとりの教育的ニーズに応じて適切な指導と必要な支援を行うこととした．

つまり，特殊教育と特別支援教育の大きな違いは，①発達障害などの，以前から普通学級に在籍していた子どももその対象としたこと，②障害の状態に応じて特別な場で指導するという考え方から，障害の状態だけでなく一人ひとりの教育的ニーズに応じて適切な支援を組み立てるという考え方に変化したことだといえる．

特別支援教育における就学の在り方

特別支援教育において準備されている就学の在り方は，①特別支援学校，②特別支援学級，③通常の学級＋通級による指導，④通常の学級のみ，の4通りある（表1）．

就学の在り方の決定については，子どもの障害の状態だけでなく，個別の教育的ニーズや地域の学校の状況，専門家の意見，また当事者である子どもやその保護者の意見なども勘案して総合的に判断する．そして，就学の在り方は，子どもの発達状況や環境との相互作用などにより変遷する教育的ニーズに合わせて，柔軟に見直されるべきものである．

特別支援教育

英語ではspecial needs educationといい，「特別なニーズに応じた教育」という意味である．

考えてみよう

障害は，近年「障碍」や「障がい」とも表記されることがある．なぜかを調べて，どのような表記がよいのか自分でも考えてみよう．

特殊教育における「盲学校，聾学校，養護学校」を「特別支援学校」と呼称変更した．

特殊教育における「特殊学級」を「特別支援学級」と呼称変更した．

表1 特別支援教育において準備されている就学の在り方

就学の在り方	特別支援学校（旧盲・聾・養護学校に概ね対応）	特別支援学級（旧特殊学級に概ね対応）	通常の学級＋通級による指導	通常の学級のみ
特徴	障害の程度が比較的重い子供を対象として教育を行う学校. 公立特別支援学校（小学部・中学部）の1学級の標準は6人（重複障害の場合3人）	障害のある子供のために通常の小学校・中学校内に障害の種別ごとにおかれる少人数の学級（8人を標準（公立））	小学校・中学校の通常の学級に在籍する障害のある児童生徒に対して，ほとんどの授業（主として各教科などの指導）を通常の学級で行いながら，週に1単位時間〜8単位時間（LD, ADHDは月1単位時間から週8単位時間）程度，障害に基づく種々の困難の改善・克服に必要な特別の指導を特別の場で行う教育形態（通級は通常の学校内に設置されている）	通常の学級
対象障害種	視覚障害, 聴覚障害, 知的障害, 肢体不自由, 病弱（身体虚弱を含む）	知的障害, 肢体不自由, 病弱・身体虚弱, 弱視, 難聴, 言語障害, 自閉症・情緒障害	言語障害, 自閉症, 情緒障害, 弱視, 難聴, LD, ADHD, 肢体不自由および病弱・身体虚弱	すべての障害（通常の学級での学習に参加できる状態）
高等教育	特別支援学校高等部	なし	平成30年より, 高等学校での通級による指導が開始	高等学校
義務教育年齢における人数（2020（令和2）年度）	約7万7千人（0.8%）	約30万2千人（3.1%）	約16万3千人（1.7%）	—
	全児童生徒数　約951万人			

〔参考：文部科学省「新しい時代の特別支援教育の在り方に関する有識者会議」日本の特別支援教育の状況について　令和元年9月25日 資料3−1. ／文部科学省. 特別支援教育行政の現状及び令和3年度事業について. 2021.／文部科学省. 特別支援教育の充実について. 2022.／テレビ朝日. 小中学生の人数が過去最少に　文科省調査. テレ朝news. 2020.〕

これらのことを前提として,就学種別ごとの対象となる障害の程度の目安は,特別支援学校は障害がより重度な状態,特別支援学級は通常の学級では学習が難しい程度の状態,通級による指導は通常の学級での学習に参加できるものの一部支援が必要な状態が想定されている.

特別支援学校は階段昇降機の設置などバリアフリー化が進んでいたり,看護師が常駐していたりする場合もあり,障害が重度であっても適切な支援が受けられるよう手厚い環境が整えられている.

特別支援学級は地域の小・中学校内に設置された学級で,少人数のクラスできめ細やかな対応ができるうえ,本人の発達に合わせて課題設定もできる(当該学年の教科書を使って授業をしなくてもよい).

通級は,通常の学級で勉強はおよそついていけるが,ある科目のみ理解が困難であったり,一部の作業においては支援が必要だったり,集団行動やコミュニケーション上の問題があったりなどした場合に,1週間ないし1か月に何時間か通級に行き,そこで本人の教育的ニーズに応じた支援が受けられる仕組みである.

知的障害のある子どもは,現行制度では通級による指導の対象から外されている(全般的な知的発達の遅れがあるならば,多くの授業において小集団でその子どもの発達に応じた内容を学習することがより効果的だと考えられているため).一方,現在,通常の学級に在籍する知的障害のある児童生徒に対する通級による指導を行う研究事業(令和3・4年度)が,文部科学省を旗振り役として一部の地方自治体で実施されており,通級の指導対象に知的障害のある子どもも含むかどうかが議論されている.

特別支援教育を学ぶための参考資料

すべての教員や教員をめざす人たちが特別支援教育を学べるように,手引きや講義動画がインターネット上で閲覧できるようになっている.

文部科学省が公開している「障害のある子供の教育支援の手引 〜子供たち一人一人の教育的ニーズを踏まえた学びの充実に向けて〜」は必携の手引書である.

また,国立特別支援教育総合研究所が公開している「インターネットによる講義配信「NISE学びラボ」〜特別支援教育eラーニング〜」では講義動画プログラムが100種類以上準備されている.

特別支援教育は「特殊」ではない

文部科学省が2021（令和3）年度に行った調査の結果によると，通常の学級で学習面または行動面で著しい困難を示すとされた子どもの割合は，小中学校において推定値8.8%であった．これは，40人の学級ならそのうち3〜4名は勉強や集団行動についていくのがとても大変な子どもがいる，という計算になる．

通級による支援を受けている子どもが1.7%（表1）に留まっていることを考えれば，通級の使用率の上昇が望まれるが，通常の学級のなかでいかに特別な教育的ニーズに応じた指導・支援を展開していくかが重要である．つまり，学校・学級の種別や学年，担当教科，役職なども関係なく，すべての教員が特別支援教育を実行する必要性があるということを理解したい．

文部科学省「通常の学級に在籍する特別な教育的支援を必要とする児童生徒に関する調査」令和4年12月公表

本調査は医師による診断ではなく，学級担任などが記入し回答したものであることに留意が必要．

② 特別支援教育を理解するために

障害の社会モデル，社会的障壁，合理的配慮

これまで障害は，心身の機能において何かしら問題があり発生するものという，医学モデルに基づく考え方が一般的だった．それに対し，現在は，環境（社会）と個人における心身の機能が関係し合って障害が発生すると考える，「障害の社会モデル」に基づいた政策が展開されるようになった．環境が作用しているのだから，その環境を整えることは私たち国民全員が負うべき責任と考えるのは自然であろう．

このような，障害を発生し得る環境要因を**社会的障壁**（バリア）と呼び，**図1**に示した通り，①物理的バリア，②制度のバリア，③文化・情報のバリア，④心のバリア，の4つの種類が知られている．

この社会的障壁を取り除くべく，国や地方自治体のみならず，学校や教職員にも求められているのが**合理的配慮**である．学校における合理的配慮の「配慮」とは，障害がある子どもが他の子どもと平等な教育的恩恵を受けるために必要かつ適当な対応を指す．「合理的」というのは，そもそも実行不可能なものや過度の負担から実行が難しいものを除く，という意味である．特別支援教育は，社会的障壁を取り除く合理的配慮を実行するための制度のひとつといえるだろう．

🔑 社会的障壁

🔑 合理的配慮

共生社会とインクルーシブ教育システム

世界における障害者の権利に関する動向を受け，現在日本でも共生社会やインクルーシブ教育システムの構築を推し進めていくことが明示されている．共生社会とは，年齢，性別，国籍や障害のあるなしなどに関係なく，すべての人々が互いに尊重し合い積極的に参加，貢献していくことができる社会のことであり，**インクルーシブ教育システム**とは，障害があることで教育制度一般か

2006（平成18）年に「障害者の権利に関する条約」が国連総会において採択された．

図1 4つの社会的障壁（バリア）

〔愛媛県「心のバリアフリー愛顔の接遇マニュアル」4つの社会的障壁（バリア）．p.4.〕

愛媛県「心のバリアフリー愛顔の接遇マニュアル」表．4つの社会的障壁（バリア）．2021．p.4.

2012（平成24）年に「共生社会の形成に向けたインクルーシブ教育システム構築のための特別支援教育の推進（報告）」が公示された．

inclusiveとは「包括的な，包括した」という意味．

ら排除されることのないシステムのことである．子どものころから障害のあるなしに関係なく「人間は相互に尊重し合い支え合う存在であること」を体感し体現することは，未来の共生社会化に大きな影響を与えるだろう．

　しかしながら，ここで一つの疑問が浮かぶ．それは特別支援教育においても，特別支援学校や特別支援学級など障害のある子どもが，ない子どもと別の場所で教育を受ける制度をそのまま引き継いでいる以上，結局のところ障害の程度によって教育の場を分断しているのではないだろうか，という疑問である．

　実は，日本における特別支援教育は，2022（令和4）年に国連の障害者権利委員会から改善勧告を受けている事実がある．日本政府としては，インクルーシブ教育システムを推し進めるうえで重要な位置づけを担う特別支援教育なのだが，国連の障害者権利委員会からは障害のある子どもを分離する教育の後ろ盾となる制度とみなされたのである．日本の特別支援教育，またインクルーシブ教育システム構築に向けての今後の動向を注視する必要がある．

③ 障害の理解

視覚障害，聴覚障害

視覚障害は，視力，視野，光覚などを含む視機能の低下により，学習や生活に困難がある状態をいう．全く見えない全盲と，何かしらの形で視機能が利用できる弱視に分けられる．視覚障害は，全く見えず昼夜もわからない，ぼやけて見えない，片目でトイレットペーパーの芯を通して見ているような程度の視野でしか見えない，まぶしすぎて見えない，ある部分が欠けて見えるなど，多種多様である．

聴覚障害には，外耳や中耳の異変により主に音振動の伝わりが障害される伝音性難聴と，音を感じる神経が障害されて発生する感音性難聴がある．伝音性難聴は音量を大きくすることで聞こえやすくなる場合が多い．感音性難聴はある周波数の音が聞き取りにくくなったり，音が歪んで聞こえたり，音がしているのはわかるが不明瞭に聞こえたりするので，単純に音量を上げるだけでは聞き取りやすくならない場合もある．

肢体不自由，病弱・身体虚弱

病気やけがで体を動かす器官に異常があり，歩いたり文字を書いたりといった日常的な動作が困難な状態のことを，肢体不自由という．肢体不自由の原因疾患として比較的多い脳性まひは，身体の麻痺だけでなく，話すことに障害をもっていることも珍しくない．

病気のため身体が弱っている状態を病弱，身体が弱いことで体調不良になりやすかったり病気にかかりやすかったりする状態を身体虚弱という．疲れやすいだけでなく，医師から行動制限が課されている場合もある．病弱・身体虚弱の子どものための特別支援学級は，病院内に設置されていることもある（いわゆる院内学級のこと）．

言語障害，情緒障害

言語障害とは，話すことに関する問題が日常生活に影響を及ぼしている状態をいう．たとえば，サ行がうまく言えないなど特定の発音がうまくできない構音障害や，言葉がつまって出てこなくなったり特定の音を繰り返してしまったりしてスムーズに話すことが難しい吃音などが挙げられる．話すことへの恥ずかしさや自信のなさから会話や発表に対して消極的になってしまう場合もある．

情緒障害は，それに対応する医学的診断名はなく，教育現場に特化した呼び名である．ストレス性の感情や行動上の継続した問題がある場合を情緒障害としており，その状態像はまさに多種多様である．選択性かん黙（場面緘黙ともいう）も情緒障害のひとつとされていて，典型例としては家では話せるが学校内では発声ができない，という状態を示す．その他，怒りやすいうえ怒ると自

図2 各障害における関係のイメージと医学的診断名

図2 各障害における関係のイメージと医学的診断名

ASD Autism Spectrum Disorder

【医学的な診断名】
自閉スペクトラム症／自閉症スペクトラム障害

【法律や制度上の名前】
自閉症，高機能自閉症，アスペルガー症候群，広汎性発達障害 など

【医学的な診断名】
知的発達症／
知的能力障害

【法律や制度上の名前】
知的障害

ADHD
Attention-Deficit／Hyperactivity Disorder

【医学的な診断名】
注意欠如・多動症／注意欠如・多動性障害

【法律や制度上の名前】
注意欠陥多動性障害

(S)LD Specific Learning Disorder
あるいは Learning Disabilities

【医学的な診断名】
限局性学習症／限局性学習障害

【法律や制度上の名前】
学習障害

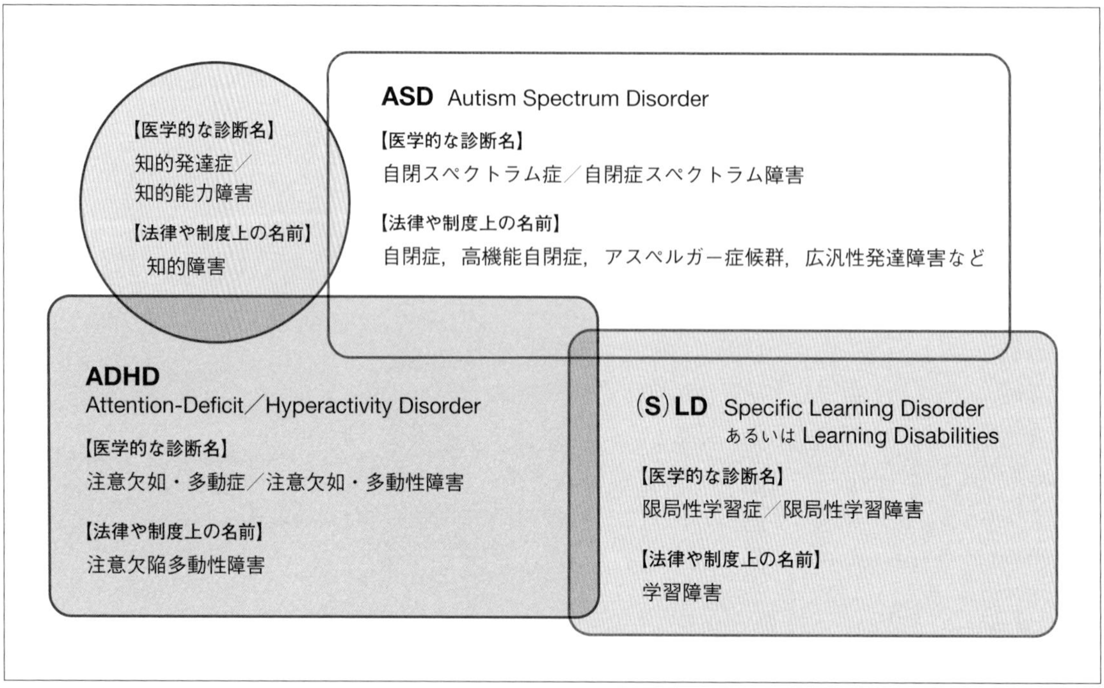

〔参考：American Psychiatric Association：Diagnostic and Statistical Manual of Mental Disorders, Fifth Edition. American Psychiatric Association, 2013.（日本精神神経学会，日本語版用語監修，監訳：高橋三郎，大野裕『DSM-5 精神疾患の診断・統計マニュアル』医学書院．2014.）〕

American Psychiatric Association：Diagnostic and Statistical Manual of Mental Disorders, Fifth Edition. American Psychiatric Association, 2013.（日本精神神経学会，日本語版用語監修，監訳：高橋三郎，大野裕『DSM-5 精神疾患の診断・統計マニュアル』医学書院．2014.）

大人になってから知的障害と診断される事例は，およそ軽度（〜中等度）の知的障害であり，義務教育段階では単に「勉強しない子」，「勉強が嫌いな子」，「勉強ができない子」などと認識されていることがある．

分をコントロールできなくなってしまうような場合なども情緒障害の範疇に含まれている．

知的障害

　知的障害は，知的発達の全般的な遅れと日常生活上での困難さがある状態をいう．知的障害はその重症度によって状態像にかなり幅があり，言葉を理解することが難しいため1語文でしかやりとりができない場合もあれば，会話上では特段の問題を感じられない場合もある．ただし，話し言葉が流暢であっても，その会話内容の記憶が曖昧だったり，使っている用語の理解度に差があったりする場合もある．

発達障害

　発達障害は発達の「偏り」を特徴とする障害の総称である．発達障害の代表的なものとして，ASD，ADHD，LDが挙げられる．現在，医学的な診断は米国精神医学会が2013年に発表した精神疾患の診断・統計マニュアル，DSM-5に準拠することが多いが，この医学的な診断名と，法律や制度上で使われている障害名がやや違う現状にあるので，**図2**にて確認してほしい．

また，図2の各障害に重なり合う領域があるのは，たとえばASDと診断された子どもであっても，同時にADHDやLDの特徴も持ち合わせている場合があることを示している．ちなみに，ASDは知的障害を伴うことがあり，知的障害のある子どものなかにADHD的な特徴もある子どもがいることも，覚えておきたい．

なお，発達障害は脳の機能的な障害であり，いわゆるしつけなど家庭における育て方の問題で生じるものではないことを強調しておく．

自閉症，自閉スペクトラム症 ― ASD

自閉症は，社会的なコミュニケーションの問題や，反復的な行動や強いこだわり，感覚過敏や鈍麻などを主たる特徴とした発達障害である．以前は，自閉症と近しい，あるいは自閉症を含む診断名として，高機能自閉症，アスペルガー症候群，広汎性発達障害があった．これらをスペクトラム（spectrum；連続体）としてとらえ直し，1つにまとめて新たに登場したのが，自閉スペクトラム症（ASD）という診断名である．

ASDの特徴である社会的なコミュニケーションの問題の例を挙げると，重度の場合は言葉をコミュニケーションのツールとして使用することが難しいこともある．軽度の例としては，相手の気持ちを推測することに困難さがあったり，言葉を字面通りにしか理解できにくかったりすることによって円滑なコミュニケーションが阻害されることなどが挙げられる．

ASDの特徴である反復的な行動や強いこだわりは，不安を抑えるための行動としても理解できる．ASDの子どもは予定を急に変えられることに強い不安を感じる場合が多いため，予定変更はなるべく事前に伝えるなどの配慮があるとよい．

また，ASDの子どもは感覚の特性（過敏や鈍麻）がある場合が多い．聴覚が敏感なため全校生徒が集まる状況ではその雑踏が苦痛に感じたり，視覚に敏感さがあるため窓際の席はまぶしくて辛かったり，嗅覚が敏感なため給食の匂いで気分が悪くなったり，味覚が過敏なため偏食があったり（こだわりからも偏食は起こる），触覚（身体の皮膚感覚）の過敏性から体を触られて「叩かれた」と認識したりするようなこともある．どのような刺激が苦痛なのかを同定し，環境などを調整することで本人の辛さを軽減することが肝要である．

注意欠陥多動性障害，注意欠如・多動症 ― ADHD

ADHDの特徴として，①不注意な傾向が非常に強い，②多動性・衝動性が高い，の2つが挙げられる．また，この2つの特徴のうち，①の不注意のみが強い不注意優勢タイプ，②の多動性・衝動性のみが強い多動・衝動優勢タイプの子どももいることが知られている．

①不注意の例としては，予定を忘れる，忘れ物を頻繁にする，物をなくす，忘れることを防止するためのメモをなくす，聞き漏らしをする，机上から物を

ASD

Autism Spectrum Disorderの略で，日本語では自閉スペクトラム症という．自閉症を含む診断名である．

アスペルガー症候群は知的障害がなくかつ自閉症の特徴のうち言語能力の遅れがない．

広汎性発達障害は自閉症などの診断には至らないが自閉症の特徴の一部が当てはまり，それによって困難さを抱えている．

ADHD：Attention-Deficit/Hyperactivity Disorder

頻繁に落とすなどが挙げられ，これらの特徴は，周囲から単に「だらしがない」，「意欲がない」などと理解されている場合がある．

②多動性・衝動性の例としては，授業中落ち着いて座っていられず椅子をガタガタ揺らしたり立ち歩いたりする，切れ間なく話し続ける（多弁），ただ静かに待たされることがとても苦痛に感じる，順番を待てずに行動してしまう，授業中先生に指される前に出し抜けに答えるなどが挙げられ，周囲から単に「落ち着きがない」，「自分勝手」などと認識されている場合がある．

以上のように，ADHDの特徴からもたらされる行動は，周囲の理解がない環境では叱られたり，疎まれたりする対象になりやすいため，このことを周囲の大人はよく理解し配慮することが大切である．

LD：Learning Disabilities

学習障害，限局性学習症 ── LD（SLD）

LDの特徴は，全般的な知的発達に遅れはないが，読む，書く，話す，聴く，推論するなどの一部の能力が非常に低い，というものである．どのようなことが原因で特定の課題に困難さが表れているのかを丁寧に見立てて，それに応じた支援を講じる必要がある．以下にLDの下位障害の一部を記す．

読字障害（ディスレクシア：dyslexia）は文字や教科書を読むことなどに困難さがある状態である．文字が左右反転して見えたり，二重に見えたり，教科書を音読すると同じ行を繰り返し読んでしまったり（どこを読んでいるのかわからなくなってしまう）と，読みの困難さの問題はさまざまな理由で生じる．

読字と書字は互いに影響し合う場合があり，どちらにも困難さがある場合は読み書き障害と呼ばれる．

書字障害（ディスグラフィア：dysgraphia）もLDのひとつで，文字を書くことに困難さを示す．文字の形自体を正しく認識することが難しい場合や，線が揺れてしまったり筆圧が弱すぎたり強すぎたりなど文字を書く動作に困難さがある場合，黒板に書いてあることを書き写す作業が難しい（黒板から目を離すと忘れてしまう）場合などもある．

算数障害（ディスカリキュリア：dyscalculia）はとくに計算にかかる困難さを示す．繰り上がりの理解が難しかったり，簡単な計算でも暗算になるとできなかったり，単位の理解が難しかったりなど，個人によって計算が困難な理由がさまざまある．

④ 特別支援教育を実施するにあたって

　特別支援教育で忘れてはならないのが，障害について理解を深めることはもちろんのこと，それも含めて子ども一人ひとりをよく理解し，その教育的ニーズに応じた支援をする，という考え方である．**障害のある子どもは，周囲の無理解に曝されていることが多い．**発達障害や軽度の知的障害，またそれらの障害のグレーゾーン（障害か健常かの境界領域）と呼ばれる子どもたちは，その行動の原因を本人の「やる気」や「性格」とされ，頻繁に叱責されているケースもある．

　このような周囲の無理解は，**二次障害**と呼ばれるような状態につながることがある．自分には価値がないと感じたり，自分を大切に思う気持ちがもてなかったり，他者を信じることが難しかったりするような心理的問題を抱えたり，うつ状態や高い不安状態などの精神症状や，不登校や非行など行動上の問題が出現することもある．

　子ども一人ひとりを理解し，その子どもに合う支援を行うことは，「あなたは大切にされるべき一人の人間である」という大切なメッセージとなる．

　特別支援教育における支援の実際は，まずは見立てることから始まる．なぜ今の状況が起こっているのか？　何が悪く作用しているか？　何を変えるとよさそうか？　何が役に立ちそうか？　などの疑問を明らかにしていくため，さまざまな情報を集め，本人の様子をよく観察し，本人の話を聞きつつ相談しながら，他の教員やスクールカウンセラーにも相談をしてチームで対応を考えていく．そうして生み出された支援を実行したうえで，その効果を確かめていく．その結果により，当該の支援を続けるのか否か，また他の工夫を導入するのか否かなどをまたチームで検討していく．この循環が淀んでいるときほど，それだけ難しい状況なのだと理解して，必ず誰かに相談することが大切である．

🔑 二次障害

普通学級における特別支援教育の取り組み

　小学校3年生のAさんは，小1のときに軽度のASD（自閉スペクトラム症）と診断された男児である．小3で今の学校（通常の学級）に転校してきてまもなく，休み時間に図書室に行きチャイムが鳴っても教室に戻ってこない，ということが頻発するようになった．また，Aさんは会話が成り立ちにくく一方的に話す傾向があり，そのことを茶化すようなクラスメイトも出てきていた．

　そこで，Aさんの担任であるB先生は特別支援コーディネーター（特別支援教育を実施するキーパーソンとなる役割）とスクールカウンセラーに相談し，校内委員会（それぞれの子どもへの対応などを検討する学校内のチーム）を設置して話し合いがもたれることとなった．転校前の学校からも，Aさんの保護者からも話を聞き，情報の整理を行った．図書室から戻ってこない件について，クラスの居心地が悪いと感じている可能性があること，これには①本人のコミュニケーションの苦手さ，②クラスメイトの不理解，③担任のB先生と関係が浅いことなどが関与している可能性があること，④障害の特性上没頭していることを自分で切り替えるのはまだ難しい可能性があることなどが仮説として挙げられ，それに沿った対応を検討した．

　①のコミュニケーションの苦手さについては，保護者の希望もあり，結果として校内にある通級を週に2時間使用することになった．通級では会話のルールをロールプレイ*1で学ぶなどし，その様子がB先生にも伝えられた．②については，Aさんの発言を茶化すような場面に気を配って，その都度教員が指導するようにした．そして③，④に対しては，チャイムが鳴る前にB先生や通級の担当の先生などが図書室に行き，Aさんの好きな電車の話を一緒にしながら教室に戻るようにした．

　次第にAさんはB先生に積極的に話しかけるようになり，しばらくするとB先生が声をかけるだけでAさんは読書を止められるようになった．2学期には数名，Aさんに積極的に関わるクラスメイトが出てきて，クラスメイトの声かけで読書をやめ，やや一方的ながらも一緒に話しながら教室に戻ってくるような場面がみられるようになっていった*2．

*1：場面を想定して，そのなかで指定された役割を演じることを通じて，対人関係や自分の在り方，社会的なルールなどを体感する方法

*2：国立特別支援教育総合研究所が運営している「インクルDB（インクルーシブ教育システム構築支援データベース）」は，特別支援教育の実践事例がデータベース化されていて，500件以上の事例報告から，キーワードや条件を指定して自分が知りたい事例を検索できるようになっている．

◉ 文献

- 文部科学省「新しい時代の特別支援教育の在り方に関する有識者会議」日本の特別支援教育の状況について　令和元年9月25日　資料3-1（https://www.mext.go.jp/kaigisiryo/2019/09/__icsFiles/afieldfile/2019/09/24/1421554_3_1.pdf）（最終閲覧：2023年8月15日）
- 文部科学省「通常の学級に在籍する特別な教育的支援を必要とする児童生徒に関する調査」令和4年12月公表（https://www.mext.go.jp/content/20230524-mext-tokubetu01-000026255_01.pdf）（最終閲覧：2023年8月15日）
- 文部科学省「障害のある子供の教育支援の手引　～子供たち一人一人の教育的ニーズを踏まえた学びの充実に向けて～」（https://www.mext.go.jp/a_menu/shotou/tokubetu/material/1340250_00001.htm）（最終閲覧：2023年8月15日取得）
- 国立特別支援教育総合研究所「インターネットによる講義配信 NISE学びラボ ～特別支援教育eラーニング～」（https://www.nise.go.jp/nc/training_seminar/online）（最終閲覧：2023年8月15日）
- 愛媛県「心のバリアフリー 愛顔の接遇マニュアル 」表．4つの社会的障壁（バリア）．2021．p.4.（https://www.pref.ehime.jp/h20700/syougai/documents/manual_barrier-free-1.pdf）（最終閲覧：2023年8月15日）
- American Psychiatric Association：Diagnostic and Statistical Manual of Mental Disorders, Fifth Edition. American Psychiatric Association, 2013.（日本精神神経学会，日本語版用語監修，監訳：高橋三郎，大野裕『DSM-5 精神疾患の診断・統計マニュアル』医学書院．2014.）
- 国立特別支援教育総合研究所「インクルDB（インクルーシブ教育システム構築支援データベース）」（https://inclusive.nise.go.jp/）（最終閲覧：2023年8月15日）

索引

太字は用語が図表中にあることを示す

中山書店の出版物に関する情報は，小社サポートページを
御覧ください．
https://www.nakayamashoten.jp/support.html

本書へのご意見をお聞かせください
https://www.nakayamashoten.jp/questionnaire.html

教育心理学

2024 年 3 月 1 日　初版　第 1 刷発行

編　集 —— 市川優一郎　宇部弘子
　　　　　 若尾良徳　齋藤雅英

発行者 —— 平田　直

発行所 —— 株式会社 中山書店
　　　　　 〒112-0006　東京都文京区小日向 4-2-6
　　　　　 TEL 03-3813-1100（代表）
　　　　　 https://www.nakayamashoten.jp/

本文デザイン—— ビーコム

装　丁 —— ビーコム

イラスト—— 小倉靖弘

印刷・製本— 三報社印刷株式会社

Published by Nakayama Shoten Co., Ltd.　　　　　Printed in Japan
ISBN　978-4-521-74863-4
落丁・乱丁の場合はお取り替え致します